GOLDENE REGELN FÜR DIE BÖRSE

CLEMENS SCHÖMANN-FINCK

Stiftung Warentest

GOLDENE REGELN FÜR DIE BÖRSE

Reichwerden beginnt im Kopf

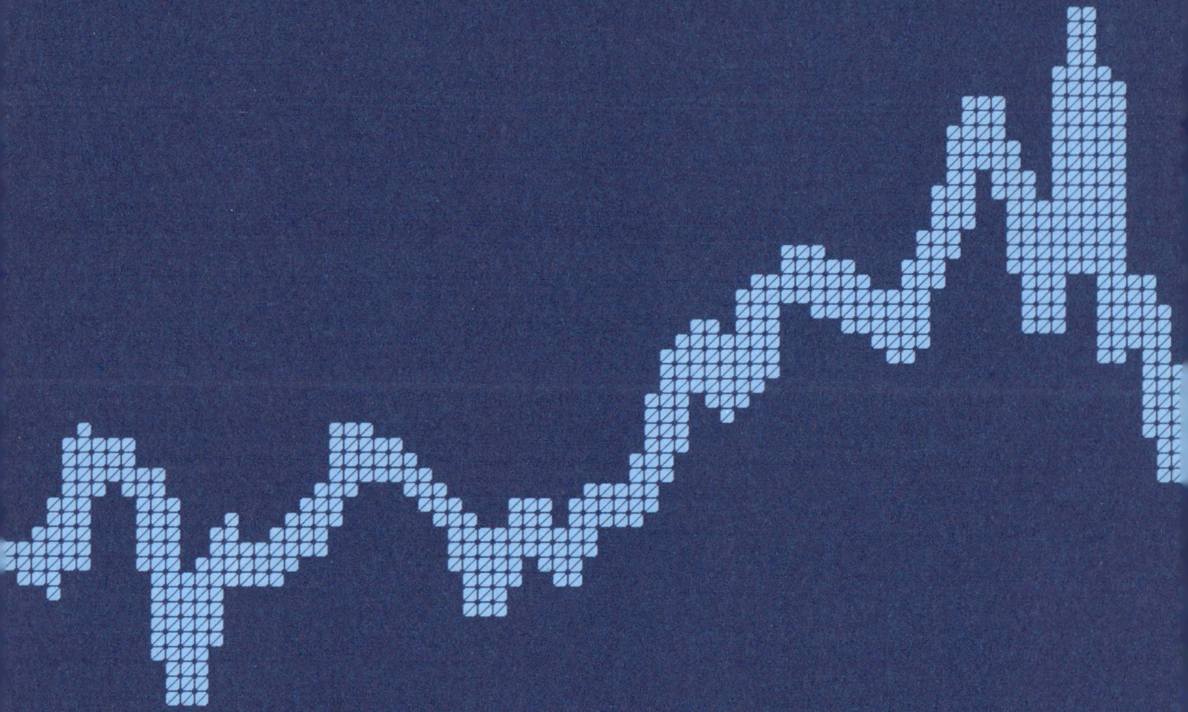

Wer sein Geld gewinnbringend anlegen möchte, kommt an Aktien nicht vorbei. Um die Renditechancen der Börse zu nutzen, braucht man das passende Mindset.

Goldene Regeln für den Erfolg

Mit dem Finanztest-Know-how die Bauchlandung am Aktienmarkt vermeiden

Glücksspiel, Zockerei, Spekulation – es gibt viele schlechte Meinungen über die Börse. Jahrelang machten viele Sparer deswegen einen Bogen um Aktien. Die Angst vor Verlusten war zu groß, und vielleicht fehlten bei manchen auch die nötigen Kenntnisse. Doch langsam setzt ein Umdenken ein. Die Zahl der Aktionäre und Aktionärinnen steigt wieder. Inzwischen legen über zwölf Millionen Menschen Geld in Aktien, Aktienfonds oder ETF an. Sie erkennen die Chancen, die die Börse für den Vermögensaufbau bietet.

Mit diesem Buch wollen wir Ihnen helfen, damit auch Sie erfolgreich Ihr Geld an der Börse vermehren können. Wir wollen Ihnen zeigen, wie Sie am besten vorgehen, um Ihre Ziele zu erreichen und die Anlage zu finden, die zu Ihnen passt.

Denn für unerfahrene Anleger und Anlegerinnen lauern natürlich Gefahren an der Börse. Der Hype um Wasserstoff-Aktien, Cannabis-Start-ups, der Absturz mancher Tech-Werte und natürlich die Pleite von Wirecard sind nur ein paar Fälle aus den letzten Jahren, bei denen Anleger viel Geld verloren. Davor waren es zum Beispiel der Zusammenbruch der deutschen Solarindustrie und der Absturz des Neuen Marktes zur Jahrtausendwende, die Anlegern schmerzhafte Verluste zufügten.

Damit Ihnen so etwas nicht passiert, haben wir für Sie in diesem Buch wichtige Regeln für die Geldanlage mit Aktien zusammengestellt. Denn Börse muss nicht Zockerei, Risiko und Casino sein. Wer sein Geld mit der richtigen Strategie und der nötigen Umsicht anlegt, kann die Risiken der Börse – die es ohne Frage gibt – deutlich senken. Aktien können ein wichtiger Baustein für den Vermögensaufbau sein – wenn man gewisse Regeln beachtet.

Was aber sind diese Regeln? Lässt sich das Wissen rund um die Geldanlage in Aktien und Fonds in allgemein verständliche Merksätze fassen? Zu diesem Thema kursieren zahlreiche Weisheiten und (angebliche) Zitate von Börsengrößen wie Warren Buffett oder André Kostolany. Sicher kennen Sie den einen oder anderen Spruch, etwa „The trend is your friend".

In diesem Buch sagen wir Ihnen nicht nur, was davon zu halten ist und wie relevant diese Aussprüche wirklich sind. Wir haben außerdem die Quintessenz des Finanztest-Know-hows in 14 „goldenen Börsenregeln" zusammengefasst. An diesen Leitsätzen können Sie sich bei allen Fragen rund um die Geldanlage orientieren. Sie helfen Ihnen unter anderem beim Zusammenstellen Ihres Portfolios, bei der Auswahl einer passenden Strategie, bei der Bewertung von Anlagemöglichkeiten, aber auch im Börsencrash. Das Buch ist dabei so gestaltet, dass Sie es ohne feste Reihenfolge lesen können. Jedes Kapitel behandelt eine Regel und kann für sich stehen. So gelangen Sie wie bei einem Nachschlagewerk immer direkt zu dem Thema, das für Sie und Ihre Anlageentscheidung gerade relevant ist. Das Buch ist damit Ihr Reiseführer durch die Börsenwelt.

Warum Aktien so wichtig sind

Die „goldenen Regeln" in diesem Buch helfen Ihnen, die Chancen zu erschließen, die in der Geldanlage mit Aktien liegen. Denn ohne Aktien Vermögen aufzubauen, wird schwer. Auch wenn die großen Notenbanken im Jahr 2022 die Zinswende eingeläutet und sich von der ultralockeren Geldpolitik verabschiedet haben, bleibt es sehr fraglich, ob die Zinsen in absehbarer Zeit auf Höhen steigen werden, die auch nach Abzug der Inflation (die sogenannte Realverzinsung) einen nennenswerten Vermögenszuwachs ermöglichen.

Denn auch wenn die hohen Inflationsraten der Jahre 2021 und 2022 wahrscheinlich eine Ausnahme gewesen sind, die auf Sonderfaktoren wie Lieferkettenprobleme nach der Corona-Krise und Preissprünge bei Rohstoffen als Folge des Ukrainekriegs zurückzuführen ist, so gibt es doch unterschwellige Trends, die dafür sorgen werden, dass die Zeiten der extrem niedrigen Inflationsraten vorerst vorbei sind.

Nicht zu unterschätzen sind die Folgen des demografischen Wandels. Weil die Gesellschaft altert, wächst der Fachkräftemangel. Unternehmen werden zunehmend im scharfen Wettbewerb um die besten Mitarbeiter und Mitarbeiterinnen stehen. Die so Umworbenen können die Not der Firmen für höhere Lohnforderungen nutzen. Die höheren Löhne werden die Preise steigen lassen.

2 Ein zweiter Punkt ist die Deglobalisierung als Reaktion auf die wachsenden geopolitischen Spannungen. Viele Jahre lang verlagerten Firmen ihre Produktion ins Ausland, wo es billig war. Viele Waren wurden dadurch günstiger. Nun müssen Firmen ihre Produktionsprozesse und Lieferketten neu denken. Der Trend geht dahin, wieder näher am Absatzmarkt zu produzieren. Das kann zu steigen-

WERTVERNICHTER INFLATION

Über die Jahre kann Inflation den Wert des Ersparten empfindlich mindern. Wer den Wert seines Vermögens erhalten will, muss sein Geld daher anlegen.

Jahr	1,0 %	2,0 %	3,0 %	4,0 %	6,0 %	10,0 %	15,0 %
0	1000	1000	1000	1000	1000	1000	1000
1	990	980	971	962	943	909	870
2	980	961	943	925	890	826	756
3	971	942	915	889	840	751	658
4	961	924	888	855	792	683	572
5	951	906	863	822	747	621	497
6	942	888	837	790	705	564	432
7	933	871	813	760	665	513	376
8	923	853	789	731	627	467	327
9	914	837	766	703	592	424	284
10	905	820	744	676	558	386	247
15	861	743	642	555	417	239	123
20	820	673	554	456	312	149	61
25	780	610	478	375	233	92	30
30	742	552	412	308	174	57	15
35	706	500	355	253	130	36	8

Quelle: eigene Berechnungen

den Herstellungskosten führen, die wiederum an die Verbraucher weitergegeben werden.

3 Ein weiterer wichtiger Faktor sind schließlich die Energiepreise. Zu den Kosten, die mit dem Kampf gegen den Klimawandel verbunden sind, wie zum Beispiel die CO_2-Steuer oder Auflagen zum Energiesparen, kommen die Folgen des Ukraine-Kriegs. Die Zeiten billiger Gasimporte aus Russland scheinen vorbei. Es wird also aller Voraussicht nach auch mittel- und langfristig dabei bleiben: Praktisch nur mit Aktien lassen sich Renditen erzielen, die auch nach Abzug von Steuern und Kosten mit der Inflation mithalten können und so zumindest einen Vermögenserhalt, im besten Fall einen Vermögenszuwachs möglich machen.

Wie wichtig es ist, sein Vermögen zu vermehren, erschließt sich schnell, wenn man ein paar Jahre in die Zukunft schaut, genauer gesagt: auf die Rente. Private Altersvorsorge ist praktisch ein Muss, wenn Sie ohne große Geldsorgen im Alter leben und Ihren Ruhestand genießen wollen. Denn die gesetzliche Rente allein wird dafür nicht ausreichen („Versorgungslücke“): Immer weniger Einzahler müssen immer mehr Rentner versorgen. Deshalb ist über die Jahre das sogenannte Rentenniveau immer weiter gesunken und liegt nur noch bei 48 Prozent. Mehr ist nicht finanzierbar. Schauen Sie mal auf die Renteninformation, die Sie jährlich von der Rentenversicherung erhalten. Auch dort wird zu einer privaten Altersvorsorge als Ergänzung geraten.

Niemand ist zu arm, um reich zu werden

Nutzen Sie daher die goldenen Regeln in diesem Buch für Ihren erfolgreichen Vermögensaufbau an der Börse. Dafür brauchen Sie keine großen Summen. Selbst mit kleinen Beträgen lassen sich über die Jahre erstaunliche Resultate erzielen. Es gilt die Devise: Niemand ist zu arm, um reich zu werden. Sie werden in diesem Buch erfahren, wie Sie vernünftig in Aktien, Fonds und ETF investieren. Sie werden lernen, wie die Börse tickt und vor welchen Psychofallen Sie sich schützen müssen.

Also keine Angst: So kompliziert ist erfolgreiche Geldanlage mit Aktien gar nicht! Wir wollen, dass Sie derjenige sind, der eine Erfolgsgeschichte erzählen kann. Ja, es stimmt: Geld anzulegen bedeutet, Risiken einzugehen. Aber: In Anbetracht der oben genannten Argumente kann es das höhere Risiko bedeuten, das Geld nicht anzulegen.

Eignen Sie sich daher nicht nur die wichtigsten Börsenregeln an. Mindestens genauso wichtig ist es, eine positive Beziehung zum Thema Geld zu entwickeln. Leider ist es so, dass gerade in Deutschland Geld und Reichtum negativ behaftet sind. Deutlich wird das zum Beispiel an geflügelten Wörtern wie „Über Geld spricht man nicht", „Geld verdirbt den Charakter" oder „Geld macht auch nicht glücklich". Wer reich ist, erfährt oft Neid und Misstrauen statt Anerkennung oder Respekt. Kaum jemand sieht die Anstrengung und die Arbeit, die hinter einem erfolgreichen Vermögensaufbau stecken. „Dem geht es immer nur ums Geld", wird stattdessen schnell abfällig kommentiert.

Lassen Sie sich davon nicht bremsen. Geld ist das, was wir daraus machen. Wir können es stumpf anhäufen – oder wir nutzen es, um uns Wünsche zu erfüllen, uns oder unserer Familie ein sicheres Leben zu ermöglichen oder es zu spenden. Wir tauschen es ein, es ist ein Werkzeug, um unsere Ziele zu erreichen. Dann zu sagen „Ich liebe Geld", ist nichts Verwerfliches oder Anrüchiges.

Legen Sie sich also das richtige Geld-Mindset zu und beginnen Sie, Geld zu wertschätzen. Reichwerden beginnt im Kopf. Sie müssen sich bewusst dafür entscheiden, Vermögen aufzubauen und dieses Ziel in Ihr Leben, in Ihr Verhalten und Denken integrieren.

Beginnen Sie damit, sich regelmäßig mit Ihren Finanzen zu beschäftigen und sich um Ihr Geld zu kümmern.

Am besten machen Sie sich dafür einen festen Termin mindestens einmal im Monat, ein „Rendezvous mit Ihrem Geld", wie es der Selfmade-Millionär Philipp J. Müller einmal schön beschrieben hat. Verschaffen Sie sich dabei einen Überblick über Ihre Einnahmen und Ausgaben. Überlegen Sie: Wie viel Geld haben Sie ausgegeben? War es mehr als sonst und warum? Gibt es günstigere Alternativen für manche Versicherungen oder den Stromanbieter? Sind alle Rechnungen überwiesen? Gab es Fehler bei Abbuchungen oder der Kreditkartenabrechnung? Haben Sie Geld übrig, das Sie investieren können?

Richtig für die Zukunft sparen

Lernen Sie außerdem, richtig zu sparen. An der Börse können Sie nur das Kapital investieren, das Sie übrig haben. Vermögensaufbau geht nur mit Konsumverzicht. Sie schränken sich heute ein, um später mehr zu haben. In der Wissenschaft spricht man vom „Lebenszyklus-Modell“. In ihm geht es um die Entwicklung und Verteilung von Vermögen, Einkommen und Konsum im Zeitverlauf. Vereinfacht gesagt, geben wir während unseres Berufslebens nicht so viel Geld aus, wie wir könnten. Unser Einkommen ist höher als der Konsum. Dafür können wir später in der Rente mehr ausgeben, als wir an Einnahmen haben. Wir legen also durch Sparen die Basis für einen Konsum, der über unser Einkommen hinausgeht.

Wir können leider nicht erwarten, dass wir in jungen Jahren in Saus und Braus leben und dann auch unseren Ruhestand in vollen Zügen genießen können. Beides geht nicht. Was wir aber können, ist, über Sparen und Entsparen unseren Konsum bestmöglich über die gesamte Lebenszeit zu verteilen und damit unseren Lebensstandard nach unseren Präferenzen zu optimieren.

Viele machen aber den Fehler, dass sie sich kein festes Sparziel setzen. Sie legen zurück, was am Monatsende übrig ist. Das ist mal mehr, mal weniger und sehr oft auch gar nichts. So lässt sich natürlich nur schwer ein Vermögen aufbauen. Machen Sie es daher andersherum: Sparen Sie nicht, was nach den Ausgaben noch übrig ist, sondern geben Sie aus, was nach dem Sparen noch bleibt. Bezahlen Sie zuerst sich und dann die anderen.

Umsetzen lässt sich diese Strategie, indem Sie mit Unterkonten arbeiten. „Lebenshaltung“, „Freizeit“, „größere Anschaffungen“, „Bildung“ und eben „Investieren“ bieten sich als Kategorien an. Legen Sie feste Summen für die verschiedenen Kategorien fest und richten Sie entsprechende Daueraufträge ein. Bekommen Sie Ihr Gehalt, wird es automatisch auf die verschiedenen Unterkonten verteilt. Statt in ein eigenes Unterkonto „Investieren“ können Sie das vorgesehene Geld auch direkt in einen Sparplan fließen lassen. Mehr dazu erfahren Sie ab Seite 70 („Mit Geduld und Disziplin zum Erfolg“). In wenigen Schritten bauen Sie so ein übersichtliches System für Ihre Finanzen auf.

Daneben sollten Sie sich noch ein Konto „Notreserve“ anlegen. Dieses Konto ist wichtig, damit Sie für überraschende Ereignisse gewappnet sind und nicht auf das investierte Geld zurückgreifen müssen. Die Faustregel für die Notreserve sind drei Monatseinkommen.

Auf diese Weise beugen Sie vor, um in einer Notlage nicht Ihre Aktien verkaufen zu müssen. Denn wenn es just zu diesem Zeitpunkt an der Börse schlecht läuft, kann es sein, dass Ihr Depot im Minus steht und Sie beim Verkauf Verluste erleiden. Legen Sie daher am Anfang Ihren Schwerpunkt beim Sparen auf den Aufbau des „Notreserve"-Kontos. Wenn es sich mehr und mehr füllt, können Sie die Verteilung Ihrer Sparsumme langsam zugunsten des „Investieren"-Kontos ändern, bis dann alles Geld, das Sie sparen wollen, dorthin fließt.

Wenn Sie noch nicht viel verdienen, ist die Summe, die Sie jeden Monat zurücklegen können, vielleicht noch klein. Legen Sie trotzdem los! Schon ein Euro am Tag, also 30 Euro im Monat, kann über die Jahre viel bewirken. In 20 Jahren werden daraus bei einer durchschnittlichen Rendite von sieben Prozent rund 15 000 Euro. Das ist ein Anfang. Schaffen Sie es, zwei Euro am Tag zu sparen, wächst Ihr Vermögen im gleichen Zeitraum auf circa 30 000 Euro. Ihr Ziel sollte es sein, den Sparbetrag konstant zu erhöhen. Ob Sie

ERST WENIGER, DANN MEHR

Die Grafik illustriert das Lebenszyklusmodell. Damit wir uns auch im Alter nicht einschränken müssen, bauen wir Vermögen auf. Wir konsumieren erst weniger, als wir verdienen. Das angesammelte Vermögen ermöglicht uns dann im Alter trotz gesunkener Einnahmen (Rente), unseren Konsum beizubehalten. Unterstellt ist ein konstanter Konsum.

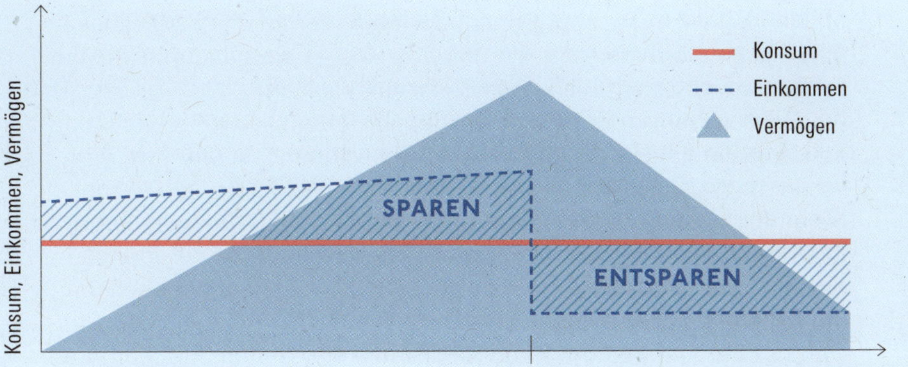

Quelle: Nach Martin Weber: Die genial einfache Vermögensformel

Vermögen aufbauen oder nicht, hängt nicht von Ihrem aktuellen Einkommen ab. Entscheidend ist, wie viel Sie sparen und wie lange Sie investieren.

Zehn Prozent des verfügbaren Monatseinkommens ist ein erster Richtwert. Steigt Ihr Einkommen, können Sie die Sparquote weiter erhöhen. Eine große Falle ist dabei die sogenannte Lifestyle-Inflation. Damit ist gemeint, dass die Ausgaben steigen, wenn sich das Einkommen erhöht: Die Urlaube werden teurer, die Wohnung wird größer, ein neues Auto wird gekauft und so weiter. Man leistet sich einfach mehr. Seien Sie diszipliniert und vergessen Sie nicht Ihre Vermögensziele. Hohe Ausgaben schaffen Abhängigkeiten. Je mehr Sie ausgeben, desto mehr müssen Sie auch sparen, um im Alter Ihren Lebensstandard zu erhalten. Denken Sie daran, dass Sie vorher auch schon ohne dieses Geld ausgekommen sind.

Die wahren Kosten von Konsum erkennen

Sie können einen großen Schritt in Richtung einer höheren Sparquote machen, wenn Sie die wahren Kosten von Anschaffungen erkennen. In Frugalistenkreisen gibt es dazu interessante Gedankenexperimente. Frugalisten versuchen, sehr sparsam zu leben, um möglichst früh ihren Traum von der finanziellen Freiheit zu verwirklichen. Das heißt: Ihr Ziel ist, genug Geld angespart zu haben, um nicht mehr arbeiten zu müssen. Frugalisten überlegen sich daher sehr genau, wofür sie ihr Geld ausgeben. Denn jeder Euro, der in eine Ladenkasse fließt, kann nicht angelegt werden. Die Kosten sind dadurch wesentlich höher, als es mit Blick aufs Preisschild scheint.

Ein Beispiel verdeutlich das: Angenommen, Sie wollen sich ein neues Tablet kaufen. Es kostet 600 Euro – zumindest laut Preisschild. In Wahrheit kostet Sie das Gerät aber 3,50 Euro pro Monat bis an Ihr Lebensende! Denn statt die 600 Euro auszugeben, könnten Sie das Geld auch investieren. Die durchschnittliche Rendite eines breit aufgestellten Aktienportfolios lag in den vergangenen Jahren bei etwa sieben Prozent im Jahr. Bei einer Summe von 600 Euro sind das im Jahr 42 Euro Rendite (also die erwähnten 3,50 Euro im Monat), die Ihnen durch den Kauf entgehen.

Diese Rechnung ist natürlich sehr vereinfacht. Die Rendite schwankt etwa von Jahr zu Jahr. Aber das Beispiel macht deutlich, wie teuer Konsum tatsächlich ist.

Beliebt sind bei Frugalisten auch die 752-Regel und die 173-Regel. Sie helfen zu überschlagen, wie teuer uns Gewohnheiten kommen, zum Beispiel der tägliche Coffee-to-go auf dem Weg zur Arbeit oder das belegte Brötchen vom Bäcker für die Mittagspause. Denn wie eben beim Tablet-Beispiel haben wir ja die Möglichkeit, das Geld zu sparen und anzulegen, anstatt es zu verkonsumieren.

Der Regel gemäß werden die wahren Kosten einer wöchentlichen Ausgabe deutlich, wenn man sie mit 752 multipliziert. Die wahren Kosten einer monatlichen Ausgabe sieht man bei der Multiplikation der Summe mit 173.

Kaufen Sie sich also jeden Tag auf dem Weg ins Büro einen Kaffee zum Mitnehmen für drei Euro, macht das pro Woche 15 Euro (Ferien und Feiertage einmal außer Acht gelassen). Diese Summe wird mit 752 multipliziert. Das Ergebnis: 11 280 Euro. Gemäß der 752-Regel wäre das die Summe, die Sie nach zehn Jahren hätten, wenn Sie das Geld, statt es für den täglichen Kaffee auszugeben, zu sieben Prozent anlegen würden.

Von Berechnungen mit einem Sparplanrechner weichen diese Zahlen etwas ab. Das schadet der Beliebtheit dieser zwei Faustformeln in den Finanz-Communitys aber nicht. Denn es geht ja vor allem darum, zu überschlagen, was Gewohnheiten kosten.

Wir wollen natürlich nicht, dass Sie jetzt anfangen zu knausern und zum Geizhals werden. Es ist auch wichtig, das Leben zu genießen und sich ab und zu etwas zu gönnen! Es geht nur darum, den Blick zu schärfen für all die vielen kleinen Ausgaben. Sie sind Ihnen vielleicht gar nicht bewusst, können aber das Tempo Ihres Vermögensaufbaus deutlich verlangsamen.

Investieren Sie auch in sich selbst

Es war bisher viel vom Kostensenken, Sparen und Investieren die Rede. Eine ganz wichtige Stellschraube beim Vermögensaufbau haben wir bisher aber immer nur gestreift:

Vielleicht haben Sie sich bei den Unterkonten gewundert, warum dort auch „Bildung“ als mögliche Kategorie stand. Ganz einfach: Es ist wichtig, dass Sie nicht nur in Aktien und Co investieren, sondern auch in sich selbst. Es geht um Ihr Humankapital. Das Humankapital ist vereinfacht gesagt das Geld, das Sie im Laufe Ihres Arbeitslebens bis zur Rente verdienen werden.

Damit Sie eine Vorstellung davon bekommen, um welche Summen es hier geht: Bei einer 30-jährigen Angestellten mit einem monatlichen Nettoeinkommen von 2 500 Euro beträgt das Humankapital rund 1,1 Million Euro. So viel verdient sie insgesamt in den 37 Jahren bis zu ihrer Rente. Das ist natürlich nur ein grober Richtwert. Weder sind hier Gehaltssteigerungen, die Inflationsentwicklung noch mögliche Änderungen des Steuerrechts oder eventuelle Ausfallzeiten berücksichtigt. Aber die Summe zeigt: Beim Humankapital geht es um viel Geld. Es ist Ihr wichtigster Vermögenswert.

Dieses Kapital gilt es nicht nur zu schützen und abzusichern, zum Beispiel über eine Berufsunfähigkeitsversicherung oder einen gesunden Lebensstil. Sie sollten sich auch fragen, wie Sie es vermehren können. Sehen Sie Ihr Humankapital als eigene Anlageklasse. Natürlich gibt es Optionen wie Überstunden oder Nebenjobs. Aber der eigentliche Schlüssel ist Ihre Qualifizierung. Daher das Unterkonto „Bildung". Weiter- und Fortbildungen erhöhen die Chance auf einen Job mit einer höheren Bezahlung. Damit steigt Ihr Einkommen, und Sie können mehr sparen, um Ihre finanziellen Ziele (früher) zu erreichen. „An investment in knowledge pays the best interest", wie der US-Staatsmann Benjamin Franklin (1706 bis 1790) schon wusste.

Die Reichtumsformel

Wir haben auf den letzten Seiten einen weiten Bogen geschlagen und verschiedene Aspekte und Faktoren angesprochen, die beim Vermögensaufbau eine Rolle spielen. Zum Glück lässt sich all das, was Sie gerade gelesen haben, in einer Abkürzung zusammenfassen: EKG. Es geht beim Vermögensaufbau darum, die Einnahmen zu erhöhen, die Kosten zu senken und die Gewinne anzulegen. Oder, wenn man es in eine Formel bringen will:

Reichtum = (Einnahmen – Kosten) × Rendite × Zeit.

Nehmen Sie bitte mit, dass der Aufbau von Vermögen kein unerfüllbarer Traum ist, sondern jeder es mit dem richtigen Mindset und der richtigen Strategie schaffen kann.

Erwartungen machen die Kurse

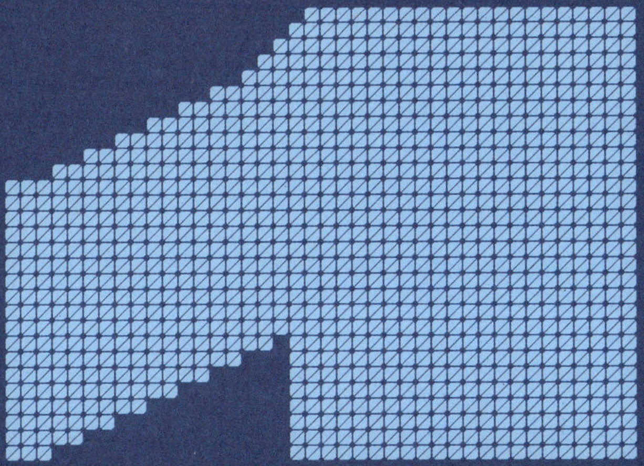

An der Börse wird die Zukunft gehandelt. Es geht um Erwartungen und Wahrscheinlichkeiten. Neue Informationen werden rasend schnell verarbeitet und lassen die Kurse steigen oder fallen.

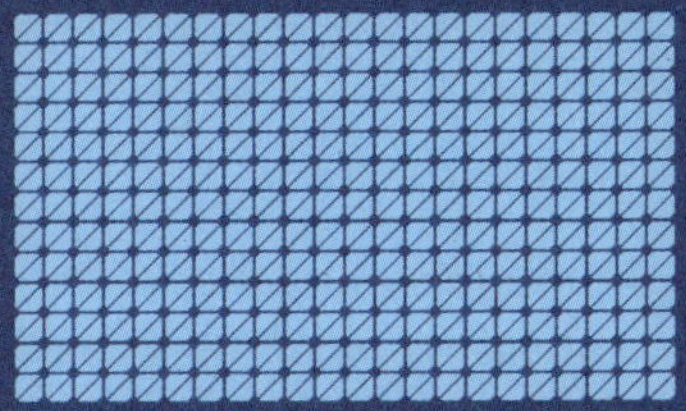

Irrational und effizient ist an der Börse kein Widerspruch

Unterschiedliche Meinungen prallen an der Börse aufeinander: Ist eine Aktie fair bewertet oder nicht?

Für Außenstehende erscheinen die Finanzmärkte oft unberechenbar. Scheinbar grundlos schießen Kurse in die Höhe oder brechen ein. Doch mit etwas Hintergrundwissen lassen sich Zusammenhänge erkennen, die helfen, die Bewegungen zu verstehen. Die Börse kann irrational und effizient in einem sein. Irrational, weil die Aufs und Abs oft einem Herdentrieb folgen; effizient, weil Informationen schnell verarbeitet werden.

Ganz wichtig ist, dass Sie verstehen, dass es an der Börse um Erwartungen geht. An der Börse wird die Zukunft gehandelt, wie man auch sagt. Die Faustregel ist, dass die Märkte etwa sechs bis zwölf Monate vorausschauen. Das heißt, Investoren treffen gewisse Annahmen über künftige Ereignisse und positionieren sich entsprechend. Sie kaufen zum Beispiel die Aktien eines Ölkonzerns, wenn sie mit steigenden Energiepreisen rechnen. Oder sie verkaufen die Aktien einer Fluggesellschaft, wenn sie glauben, dass es weniger Geschäftsreisen geben wird und deswegen die Einnahmen sinken. Andere Investoren sind gegenteiliger Meinung und verkaufen deswegen die Aktien des Ölkonzerns und kaufen diejenigen der Fluggesellschaft. Nur so kann es einen Aktienhandel geben.

Die Erwartungen werden dabei immer wieder überprüft und angepasst. Sehr gut kann man das sehen, wenn Unternehmen ihre Geschäftszahlen vorlegen: Es reicht nicht, dass das Unternehmen einen Gewinnanstieg meldet. Der Kurs kann trotzdem fallen, wenn die Anleger mit einer noch größeren Steigerung gerechnet haben. Umgekehrt können die Kurse trotz eines Verlusts steigen. Das ist dann der Fall, wenn es nicht so schlimm gekommen ist, wie erwartet wurde.

Es geht immer um die Frage, was schon in den Kursen „eingepreist“ ist und was nicht, wie es im Börsenjargon heißt, und ob eine

Aktie bei ihrem aktuellen Preis fair bewertet ist. Investoren, die aufgrund von Gewinnschätzungen und Analysen der Meinung sind, dass eine Aktie unterbewertet ist, kaufen sie. Wer der Meinung ist, dass sie überbewertet ist, verkauft. Aber niemand weiß natürlich, welches der wahre Wert der Aktie ist. Der Kurs, zu dem ein Unternehmen an der Börse gehandelt wird, ist sozusagen nur die beste Schätzung.

Das bedeutet allerdings nicht, dass die Kurse immer richtig sind. Im Gegenteil: Übertreibungen und Irrationalität gehören zur Börse dazu – in die eine wie in die andere Richtung. Psychologie spielt eine große Rolle. Es gibt Phasen, wo die Investoren voller Euphorie sind und Risiken einfach ausblenden. In einer solchen Situation werden vor allem die Chancen gesehen, und entsprechend optimistisch sind die Anleger in ihren Erwartungen. Dann wiederum ist es genau umgekehrt. Die Investoren blicken pessimistisch in die Zukunft und rechnen mit dem Schlimmsten. Die Risiken werden betont und dementsprechend die Erwartungen gesenkt. Selbst gute Nachrichten finden dann kaum Gehör.

Und schließlich gibt es immer wieder Hype- und Modethemen. Gerade bei neuen Technologien geraten viele Anleger ins Schwärmen und malen sich die Möglichkeiten aus. In solchen Fällen schießt dann der Kurs der entsprechenden Aktie steil nach oben und entkoppelt sich völlig von der Realität. Oft werden dabei die Schwierigkeiten übersehen, die neue Technologien oder das Erschließen neuer Märkte mit sich bringen. Oder die Erwartungen an die Nachfrage sind zu hoch. In solchen Situationen heißt es für Sie: kritisch und vorsichtig sein. Bewahren Sie einen kühlen Kopf und lassen Sie sich nicht von der allgemeinen Euphorie anstecken. Auch an den Finanzmärkten wachsen die Bäume nicht in den Himmel. Seien Sie deshalb kritisch bei Hype-Themen. Denn auf Dauer hat die Börse noch alles korrigiert. Mit welchen Kennzahlen Sie die Bewertung einer Aktie analysieren können, erfahren Sie im Detail in „Kaufe keine Aktie ohne einen Plan“ ab Seite 49.

Die Effizienzmarkthypothese

Neue Informationen werden an der Börse stets rasend schnell verarbeitet. Profianleger verfolgen bei speziellen Informationsdiensten wie Bloomberg das Geschehen und reagieren prompt auf neue Entwicklungen. Die sogenannte Effizienzmarkthypothese besagt, dass der Kurs alle wertrelevanten Informationen, die aktuell bekannt sind, vollständig und korrekt spiegelt. Er ist damit „informationseffizient".

„IF IT'S IN THE NEWS, it's in the market", lautet die Effizienzmarkthypothese übersetzt in ein Börsensprichwort. „Wenn es in den Nachrichten ist, ist es in den Kursen", könnte man es vielleicht ins Deutsche übersetzen. Die Aussage ist jedoch sehr pauschal. Wer schon länger an der Börse aktiv ist, hat schon viele Male erlebt, wie Neuigkeiten unterschiedlich bewertet werden. Manchmal werden Meldungen vom Markt ignoriert, wenn sie nicht ins allgemeine Stimmungsbild passen. Manchmal reagiert der Markt stark zeitverzögert.

Gemäß der Effizienzmarkthypothese müssen Sie sich als Anlegerin oder Anleger also nicht fragen, ob die Börse etwas „weiß" oder die Märkte etwas „auf dem Schirm haben". Konjunkturdaten, Geschäftszahlen oder politische Regulierungsmaßnahmen werden an den Märkten analysiert und fließen in die Kauf- und Verkaufentscheidungen mit ein. Nur neue, bislang noch unbekannte Informationen können den Kurs beeinflussen. Kaum, dass ein Unternehmen Übernahmepläne verkündet, schießt der Kurs des Kaufkandidaten nach oben. Kommt die Akquisition doch nicht zustande, saust er wieder nach unten. Der Vorstand muss seine Gewinnprognose ändern und gibt eine sogenannte Gewinnwarnung heraus – prompt fällt der Aktienkurs. Verkauft sich das neue Modell eines Autoherstellers besser als gedacht, steigt der Kurs. Schon Gerüchte über Ereignisse finden Berücksichtigung in den Kursen. Tritt ein Ereignis dann wie erwartet ein, interessiert das kaum noch jemanden. „Buy the rumours, sell the facts", wie es auch an der Börse heißt. Mit diesem Spruch lassen sich manchmal Kursbewegungen gut erklären, um ein Gesetz handelt es sich aber natürlich nicht.

Als langfristig orientierter Investor müssen Sie sich allerdings von diesem täglichen Hin und Her und der Nervosität der Märkte frei machen. Für Aktionismus gibt es keinen Preis an der Börse. Es ist auch nicht so, dass Fleiß belohnt wird oder es Extrapunkte für einen erhöhten Schwierigkeitsgrad gibt. Es geht vielmehr darum, seine Risiken vernünftig zu streuen und dann seiner Strategie treu zu bleiben. Geduld und Beständigkeit zahlen sich aus.

Wette auf die Zukunft

Aktienkurse sind nicht vorhersagbar, egal, was manche Experten aufgrund ihrer Modelle und Analysen behaupten. Denn niemand kann wissen, was an neuen Informationen auf den Markt kommt. Man kann darauf nur spekulieren. Investoren setzen darauf, dass sich ihre Zukunftsannahmen als richtig herausstellen, und kaufen oder verkaufen dementsprechend die Papiere. An der Börse geht es also um Wahrscheinlichkeiten, die man als Anleger gegeneinander abwägen muss. Laufend werden sie angepasst, feinjustiert und fließen in die Kurse ein. Wer richtig lag, weiß man erst hinterher.

Statistische Untersuchungen zeigen, dass es kein Muster in den Kursen gibt. Aus der gestrigen Performance einer Aktie lassen sich keine Rückschlüsse auf die heutige ziehen. Nur weil der Kurs gestern gefallen ist, heißt das nicht, dass er heute steigen muss. Genauso wenig kann man aber auch vorhersagen, dass er weiter fallen wird. Aktienbewegungen lassen sich am besten über eine Zufallsfunktion beschreiben. „A Random Walk Down Wall Street“, heißt auch ein bekanntes Buch des Princeton-Professors Burton Gordon Malkiel, in dem er die Nichtvorhersehbarkeit von Kursen erläutert.

Das Investieren in Aktien ist eine Wette auf die Zukunft. Vergegenwärtigen Sie sich Folgendes: Sie können nur eine Aktie kaufen, wenn ein anderer Anleger bereit ist, sich von einem Papier zu trennen Das heißt, er sieht bessere Anlagemöglichkeiten – einmal abgesehen davon, dass er womöglich Geld braucht und deswegen verkauft. Sie hingegen wollen die Aktie, weil Sie von den Zukunftsaussichten des Unternehmens überzeugt sind.

Den perfekten Zeitpunkt gibt es nicht

Aus diesen Beobachtungen lässt sich eine weitere wichtige Erkenntnis über die Mechanismen der Börse ableiten: Wenn die Kurse nicht vorhersagbar sind, ist es auch praktisch unmöglich, den perfekten Einstiegs- und Ausstiegszeitpunkt zu finden. In der Theorie klingt es zwar logisch, dass man seine Aktien verkauft, wenn der Markt fällt, und wieder einsteigt, wenn die Kurse drehen. Das Problem ist jedoch, dass sich diese Wendepunkte nie vorhersagen lassen.

„SELL IN MAY and go away. But remember to come back in September", lautet die wohl bekannteste Börsenregel zum Thema Timing. Verschiedene statistische Untersuchungen legen sogar nahe, dass die Sommermonate zwar zu den eher schwächeren, aber trotzdem noch positiven an der Börse gehören. Langfristig orientierte Anleger können diesen Spruch in jedem Fall ignorieren. Es wäre mit großem Aufwand und hohen Kosten verbunden, sein Depot jeden Mai aufzulösen und dann im September wieder neu einzurichten.

Es gibt immer Gründe, nicht zu kaufen. Wenn die Aktien hoch stehen, heißt es, dass eine Korrektur droht. Also wartet der vorsichtige Anleger ab. Denn nahe einem Allzeithoch zu kaufen scheint nicht sehr klug zu sein. Dann lieber abwarten, bis die Aktien wieder günstiger sind. Dabei sagt ein Allzeithoch gar nichts über die Wahrscheinlichkeit aus, ob eine Aktie oder der Markt nicht noch weiter steigen können. Ein Rekordstand ist keine Bewertungskennzahl, die Auskunft darüber gibt, ob eine Aktie oder ein Markt teuer oder günstig sind. Es ist einfach nur eine Zahl. Durch die positive Rendite, die die Börse auf lange Sicht hat, ist es praktisch unvermeidlich, dass die Indizes regelmäßig neue Höchststände erreichen.

Stehen die Aktienkurse dagegen niedrig, lauten die Warnungen oft, dass es noch billiger werden kann. Der Markt werde noch weiter fallen, und wer jetzt einsteige, riskiere Verluste. Besser solle man abwarten, bis sich die Lage wieder beruhigt habe.

Mit anderen Worten: Erst kauft man nicht, weil es zu teuer ist. Und wenn die Kurse fallen, kauft man nicht, weil es noch billiger werden könnte. Wer auf den richtigen Moment wartet, steht also an der Seitenlinie, statt an steigenden Kursen mitzuverdienen, und hat entsprechende Opportunitätskosten. Zwar gibt es immer wieder Rücksetzer. Doch niemand weiß, ob dies morgen der Fall sein wird oder in einigen Jahren.

Das Gemeine ist, dass über die Performance nur wenige Börsentage entscheiden. Die durchschnittliche Rendite des MSCI World betrug in den vergangenen 20 Jahren 8,4 Prozent pro Jahr. Insgesamt lag die Rendite in diesem Zeitraum bei 403 Prozent.

Wer die fünf besten Tage im MSCI World verpasste, kam aber nur auf eine Rendite von 6,9 Prozent. Wer gar an den zehn besten Tagen nicht dabei war, musste sich mit 5,8 Prozent zufriedengeben. Das heißt: Statt eines Vermögens von 100 000 Euro hätte der Anleger nach 20 Jahren nur knapp 46 000 Euro im Depot. Mit anderen Worten: Gerade einmal zehn Tage in 20 Jahren haben über mehr als die Hälfte des Vermögenszuwachses entschieden.

Beim Dax wäre es sogar noch extremer gewesen (siehe Grafik). Hier hätte eine Anlegerin ohne die zehn besten Tage nach 20 Jahren nur rund 26 000 Euro angesammelt – knapp 74 Prozent weniger, als wenn sie die ganze Zeit über investiert gewesen wäre.

Wer also in den entscheidenden Phasen nicht dabei ist, schmälert seine Rendite erheblich. „Ich versuche gar nicht, den richtigen Einstiegszeitpunkt zu erraten. Vielleicht fallen die Kurse noch weiter, wer weiß. Aber ist das wirklich so wichtig für Sie als Anleger? Oder ist es wichtiger, zu investieren in der Erwartung, nach zehn Jahren deutlich mehr Geld zu haben?“, formulierte es Howard Marks einmal treffend, der seit über 40 Jahren an den Märkten aktiv ist und als Börsenlegende gilt. Marks ist Mitgründer von Oaktree Capital Management und verwaltet 164 Milliarden Dollar.

EIN PAAR TAGE MACHEN DEN UNTERSCHIED

Wer nur ein paar Tage an der Börse verpasst, muss sich mit einer deutlich geringeren Rendite zufriedengeben. Der Versuch, immer nur die besten Börsenphasen zu erwischen, kann daher sehr kostspielig sein. Aus Sicht der letzten 20 Jahre (2002 bis 2022) wäre die durchschnittliche Rendite sowohl für den MSCI World als auch den Dax deutlich geringer ausgefallen (links, Angaben in Prozent p. a.). Anleger hätten auf viel Geld verzichten müssen (rechts, Angaben in Euro).

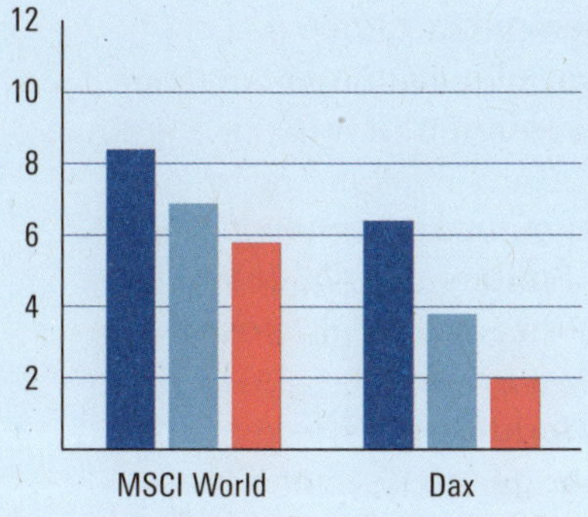

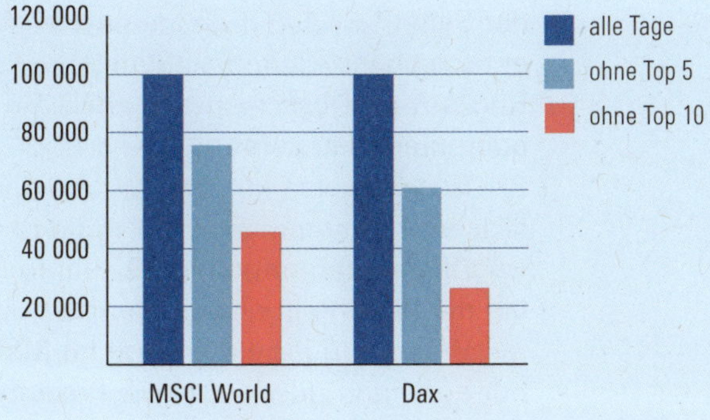

Quelle: Refinitiv, eigene Berechnungen   Zeitraum: 09/2002 bis 09/2022

Der beste Zeitpunkt für einen langfristigen Anleger, in den breiten Markt zu investieren, ist also immer jetzt. „Time in the market beats timing the market", wie es an der Börse auch heißt (siehe auch Seite 74). Es kommt darauf an, möglichst lange dabei zu sein, und nicht so sehr darauf, den perfekten Einstiegszeitpunkt zu finden.

Sicher: Es fühlt sich komisch an, zu investieren, wenn die Stimmung an der Börse nicht gut ist und die Kurse fallen. Ein mulmiges Gefühl kann sich beim Anlegen schon einmal einstellen. Aber vergessen Sie nicht: Wer kein Risiko eingeht, wird auch nicht durch eine Rendite belohnt. Die Rendite ist der Ausgleich für das Tragen des Risikos (siehe auch „Geldanlage darf nicht den Schlaf kosten" ab Seite 25).

Gegen die Angst, zum falschen Zeitpunkt einzusteigen, hilft ein kleiner Psychotrick: In Tranchen zu kaufen fällt oft leichter, als alles auf einmal zu investieren. So hat man immer noch etwas Kapital übrig, wenn es weiter nach unten gehen sollte, und kann zu einem günstigeren Preis nachkaufen. Sollte es aber aufwärts gehen, ist man auf jeden Fall mit einem Teil seines Geldes dabei. Mehr dazu erfahren Sie in „Mit Geduld und Disziplin zum Erfolg" ab Seite 70.

Die Wirkkräfte hinter den Kursen

Warum die Kurse an der Börse steigen und fallen, hat aber nicht nur etwas mit dem Auf und Ab der einzelnen Unternehmen zu tun. Es gibt Wirkkräfte, die den gesamten Markt betreffen und denen sich praktisch keine Aktie entziehen kann. Sie zwingen Marktteilnehmer dazu, nicht nur ihre Erwartungen an das einzelne Unternehmen anzupassen, sondern an die gesamte Anlageklasse Aktien.

Es gibt Börsenphasen, in denen praktisch alles für einen längeren Zeitraum fällt. Man spricht dann von einem Bärenmarkt. Der Bär steht an den Märkten für fallende Kurse. Genauso kann es an der Börse über Jahre im Großen und Ganzen aufwärts gehen. Das nennt sich dann Bullenmarkt. Der Bulle symbolisiert steigende Kurse.

Die konjunkturelle Entwicklung ist so eine Kraft, die den Markt über längere Zeit prägen kann. Es gibt kaum etwas, was Investoren mehr fürchten als ein schwächer werdendes Wirtschaftswachstum oder gar eine Rezession. Denn schrumpft die Wirtschaft, schrumpfen in aller Regel auch die Gewinne der Unternehmen. Die in guten Zeiten erstellten Prognosen müssen dann korrigiert und die Erwartungen angepasst werden. Entsprechend geht es mit den Kursen nach unten. Manche Aktien trifft es mehr, manche weniger. Aber entziehen kann sich eigentlich niemand.

Dabei ist es für Sie wichtig zu verstehen, dass diese Entwicklung nicht erst einsetzt, wenn die Statistiker offiziell einen Rückgang des Bruttoinlandsprodukts melden. Es geht schon viel früher los. Laufend werden Frühindikatoren wie zum Beispiel der Ifo-Geschäftsklimaindex oder Einkaufsmanagerindizes veröffentlicht, die wichtige Hinweise zu den Wirtschaftsaussichten liefern und das Handeln der Investoren beeinflussen. Auch alles, was die Konjunktur belasten könnte – etwa ein hoher Ölpreis –, spielt hier eine Rolle. Sie erinnern sich: An der Börse wird die Zukunft gehandelt.

Die zweite große Kraft, die die Stimmung an den Märkten bestimmen kann, ist die Geldpolitik der großen Notenbanken. Sie sind wohl die mächtigsten Akteure am Finanzmarkt, allen voran die amerikanische Notenbank. Notenbanken können nicht nur durch besondere Programme Milliarden in die Anleihenmärkte pumpen und so deren Kurse treiben. Sie beeinflussen über die Festlegung des Leitzinses auch ganz erheblich die konjunkturelle Entwicklung. Je billiger Kredite sind, desto attraktiver sind Investitionen für Unternehmen. Das ist gut für die Wirtschaft. Günstiges Geld macht es auch für Verbraucherinnen und Verbraucher leichter, sich größere Anschaffungen zu leisten oder eine Immobilie zu finanzieren. Auch das kurbelt die Konjunktur an.

> **„DON'T FIGHT THE FED", lautet ein bekannter Spruch an der Börse, den sich Anleger merken sollten. Der Satz sagt aus, dass man sich nie gegen die US-Notenbank Fed (kurz für Federal Reserve Bank) stellen sollte. Wenn die Fed etwas will, wird sie dieses Ziel auch erreichen. Das kann zum Beispiel heißen, dass man vorsichtig sein soll, wenn die Fed die Zinsen erhöht. Wenn sie dagegen die Zinsen senkt, ist ein guter Zeitpunkt gekommen, um mehr zu investieren. Jeder sollte also die Notenbankpolitik aufmerksam verfolgen. Sie sollte aber natürlich nicht der einzige Faktor für die Anlageentscheidung sein.**

Der Zins spielt aber auch eine bedeutende Rolle in den Bewertungsmodellen der Profianleger. Und die sind es schließlich, die die Kurse an der Börse maßgeblich bestimmen. Die Höhe der Zinsen fließt mit in die Entscheidung ein, wo das Geld investiert wird. Bei tiefen Zinsen lohnen sich andere Anlageziele mehr als bei hohen Zinsen. Entsprechend wird umgeschichtet – mit Folgen für die Aktienkurse. Wenn sich die Zinsen ändern, ändert sich also das ganze Bewertungsgefüge am Aktienmarkt.

Als die US-Notenbank Fed und die Europäische Zentralbank im Jahr 2022 anfingen, die Zinsen nach einer langen Phase extrem niedriger Zinsen wieder anzuheben, konnte jeder Anleger die Folgen an den Börsen sehen: Es ging mit den Kursen kräftig bergab. Vor allem Growth-Titel litten.

Wenn Sie die Marktbewegungen beobachten, werden Sie mit der Zeit entsprechende Erfahrungen an der Börse sammeln. Sie werden bestimmte Muster wiedererkennen und können dann die hier beschriebenen Einflussfaktoren auf die Märkte besser verstehen. Sie werden die Wirkkräfte hinter den Kursbewegungen erkennen und können sich darauf einstellen.

Geldanlage darf nicht den Schlaf kosten

2

Eine hohe Rendite ist schön, aber nicht alles. Damit Sie sich bei Ihrer Geldanlage wohl fühlen, ist es wichtig, dass Sie das für sich passende Risikoniveau finden.

Gute Geldanlage beginnt mit der Wahl des richtigen Risikos

Wie viel Sie investieren wollen, hängt von vielen Faktoren ab – nicht zuletzt davon, wie gut Sie Kursschwankungen verkraften.

Bevor Sie beginnen, in Aktien, Fonds oder ETF zu investieren, müssen Sie für sich eine ganz wichtige Frage beantworten: Welches Risiko wollen Sie eingehen? Natürlich würden wir alle gerne reich werden und das auf möglichst sichere Art. Aber so einfach ist das leider nicht!

Geldanlage an der Börse ist mit Chancen, aber auch mit Risiken verbunden. Die Kurse können sehr heftig schwanken. Manchmal kann es auch monatelang nur abwärts gehen. Der Wert Ihres Depots schmilzt dann dahin und kippt vielleicht sogar ins Minus. Sage und schreibe 60 Prozent verlor der MSCI World, als zur Jahrtausendwende die Dotcom-Blase platzte. Andererseits lässt sich an der Börse immerhin auch eine Rendite oberhalb des sicheren Sparbuchs erzielen. Trotz Dotcom-Crashs und einiger anderer Abstürze waren es beim MSCI World über die Jahre im Schnitt rund acht Prozent.

„AN DER BÖRSE sind zwei mal zwei niemals vier, sondern fünf minus eins. Man muss nur die Nerven haben, das minus eins auszuhalten“, sagte der Autor und Börsenexperte André Kostolany einmal. Der Spruch hat nichts von seiner Gültigkeit verloren. Es wird immer wieder Rückschläge geben, die man verkraften muss. Wer an der Börse investieren möchte, muss auch längere Flauten durchstehen können, ohne in Panik zu geraten.

Wichtig: Risiko und Rendite sind untrennbar miteinander verbunden. Seien Sie daher bei Angeboten skeptisch, die Ihnen eine hohe Rendite bei geringem Risiko versprechen. Was zu schön klingt, um wahr zu sein, ist es meistens auch!

Defensiv, ausgewogen, offensiv

Das Risikoempfinden ist natürlich sehr subjektiv. Nur weil jemand gerne Freeclimbing macht, heißt das nicht automatisch, dass er beim Geld ebenfalls den Nervenkitzel sucht. Und nur weil jemand aufgrund einer guten finanziellen Gesamtsituation über eine hohe Risikotragfähigkeit verfügt – also Verluste wegstecken kann –, bedeutet das nicht, dass er oder sie deswegen auch eine große Risikobereitschaft mitbringt.

Überlegen Sie sich daher, welchen Anteil Ihres Vermögens Sie in Aktien anlegen möchten und welchen Anteil Sie lieber in relativ sicheren Anlageformen wie Festgeld oder Tagesgeld stecken wollen. Hier das richtige Maß zu finden ist sehr wichtig für den Erfolg Ihrer Geldanlage. Auf der einen Seite geht es um Ihr Wohlbefinden: Selbst schönste Renditeaussichten sind es nicht wert, dass Sie nachts aus Angst vor Verlusten nicht schlafen können oder darunter leiden, wenn Ihr Depot im Minus ist. Auf der anderen Seite geht es um den Erfolg Ihrer Geldanlage. Es ist wichtig, eine Anlagestrategie über einen langen Zeitraum durchzuhalten (siehe auch „Mit Geduld und Disziplin zum Erfolg" ab Seite 70). Denn es würde Sie enorm zurückwerfen, wenn Sie eine langfristige Anlagestrategie mit einem breit gestreuten Portfolio verfolgen und dann in einer Krise mit Verlust verkaufen, weil Sie das Minus zu sehr belastet und Sie weitere Verluste fürchten – nach dem Motto: „Lieber ein Ende mit Schrecken als ein Schrecken ohne Ende". Falls Sie ein zwischenzeitlicher Rückgang der Kurse zu nervös machen würde, ist es besser, eine geringere Aktienquote zu wählen, sodass Sie Ihr Verlustrisiko begrenzen und mit einem zwischenzeitlichen Rückgang Ihres Depots leben können.

Finanztest unterscheidet in seiner selbst entwickelten Anlagestrategie, dem Pantoffel-Portfolio, dabei drei Risikoklassen: defensiv, ausgewogen und offensiv. Für jede Stufe rät Finanztest zu einer anderen Aktienquote: 25 Prozent in einem eher defensiv ausgerichteten Portfolio, 50 Prozent im ausgewogenen und 75 Prozent im offensiv aufgestellten Depot. Das Pantoffel-Portfolio ist eine leicht verständliche Strategie, die von Einsteigern wie Fortgeschrittenen gut umsetzbar ist – eben so bequem wie ein Pantoffel.

Bei einer defensiven Anlagestrategie steht Sicherheit im Vordergrund. Eine hohe Rendite ist nicht das Ziel. Das Geld fließt vorwiegend in festverzinsliche Sparanlagen, zum Beispiel Festgeldkonten oder Anleihefonds. Eine gewisse Aktienquote von bis zu 25 Prozent ist aber sinnvoll für eine Streuung der Gesamtanlage und um Aktienrenditen zu nutzen. Erste Wahl sollten hierbei allerdings Fonds und ETF sein, da bei Einzelaktien das Verlustrisiko deutlich höher ist.

In einer offensiv ausgerichteten Anlagestrategie geht es dagegen vor allem um Renditechancen. Der überwiegende Teil des Geldes fließt daher in Aktien. Nur ein kleiner Teil von etwa 25 Prozent wird für den Sicherheitsbaustein aus festverzinslichen Anlagen verwendet. Die hohe Aktienquote bietet Chancen, aber auch entsprechende Verlustrisiken.

Die ausgewogene Anlagestrategie ist der goldene Mittelweg. Ertragsorientierte Anlagen mit niedrigem Risiko und chancenorientierte Anlagen mit höherem Risiko halten sich die Waage. Das heißt, die Aktienquote liegt bei 50 Prozent, die andere Hälfte fließt in den Sicherheitsbaustein. Anleger können so auf eine Rendite oberhalb des sicheren Zinsniveaus hoffen, wofür sie auch höhere Schwankungen und ein gewisses Verlustrisiko in Kauf nehmen. Der Sicherheitsbaustein begrenzt allerdings das Risiko.

Um Ihnen eine Vorstellung zu geben, wie sich die verschiedenen Aktienquoten auf die Rendite auswirken: Mit einem defensiven Portfolio war in den vergangenen Jahren eine Rendite von durchschnittlich zwei Prozent im Jahr möglich (siehe Tabelle rechts). Mit einem ausgewogenen Portfolio waren es knapp vier Prozent und mit einem offensiven 5,7 Prozent. Zum Vergleich: Mit einer Aktienquote von 100 Prozent kommen Sie bei einem breit gestreuten Depot statistisch auf eine Durchschnittsrendite von etwa acht Prozent pro Jahr. Eine höhere Rendite ist mit einem vernünftigen Chance-Risiko-Verhältnis praktisch nicht zu erzielen. Dafür müssten Sie auf spekulative Einzelwerte setzen oder mit Derivaten arbeiten. Um den bekannten Börsenautor Gerd Kommer zu zitieren: „Schlechte Risiken sind Schmerz ohne Schmerzensgeld, gute Risiken sind Schmerz mit Schmerzensgeld.“

Hören Sie in sich hinein

Überlegen Sie, welche Anlagestrategie am besten zu Ihnen und Ihren Zielen passt. Drei Fragen müssen Sie dabei für sich beantworten. Über die Antworten können Sie sich der für Sie passenden Aktienquote annähern. Die Fragen lauten:

Wie ist Ihre Gesamtsituation? Zeit spielt eine wichtige Rolle beim Investieren an der Börse. Man muss in der Lage sein, Verluste auch mal auszusitzen und das Geld nicht anzurühren. Man spricht hier auch von Risikotragfähigkeit: Je höher Ihr Einkommen und je sicherer Ihre finanzielle Gesamtlage ist, zum Beispiel, weil Sie als Angestellte über ein festes Einkommen verfügen oder verbeamtet sind und nicht als Selbstständige auf Aufträge von Kunden angewiesen sind, die plötzlich ausbleiben können, desto höher kann der Aktienanteil sein. Immobilienbesitzer verfügen über eine zusätzliche Sicherheit.

Wichtig: Bilden Sie zunächst eine feste Rücklage als „Notgroschen", zum Beispiel auf einem Tagesgeldkonto. Sie sollte mindestens drei Monatsgehälter umfassen und nicht angetastet werden.

Wie gut sind Ihre Nerven? Schwankungen und alle paar Jahre auch mal ein richtiger Crash gehören leider zur Börse dazu. Für dieses Risiko werden Sie als Anleger oder Anlegerin jedoch auch mit einer Rendite belohnt. Rendite und Risiko gehören zusammen, denn die Rendi-

HÄTTEN SIE DAS AUSGEHALTEN?

Die Tabelle zeigt Ihnen, was über 30 Jahre aus 100 000 Euro je nach Aktienquote geworden wäre. Bei einer höheren Aktienquote hätte sich das Geld stärker vermehrt – man musste aber zwischendrin starke Nerven haben und heftige Rückschläge aushalten. Das ist nicht für jeden etwas.

Wie viel Risiko halten Sie aus?

Schlimmste Jahresrendite (%)	0	–11	–21	–30	–39
Maximaler Verlust (%)	0	–19	–32	–44	–56
Längste Verlustphase (Jahre)	0	13,4	12,6	13	13,4

Welche Rendite streben Sie an?

Durchschnittsrendite (% p. a.)	0,0	2,0	3,9	5,7	7,0
Endvermögen (Euro)	100 000	182 539	317 269	532 807	756 308

Dann ist das die richtige Mischung:

	Tagesgeld	Defensiv	Ausgewogen	Offensiv	Aktien-ETF

Quelle: Refinitiv, eigene Simulationen

te ist die Belohnung für das Eingehen von Risiken. Allerdings müssen Sie diese Schwankungen auch aushalten können und dürfen nicht die Nerven verlieren. Hier geht es also um die Risikobereitschaft. Verluste von 60 Prozent und mehr, wie sie in den letzten rund 20 Jahren vorkamen, können eine gewaltige emotionale Belastung sein. Zwar ist die Chance sehr hoch, dass mit der Zeit die Börse das Minus wieder aufholt. Solange man es nicht realisiert, die Aktien also verkauft, existieren die Verluste ja nur auf dem Papier. Aber auch das Warten muss man aushalten können. Wenn Sie Zweifel haben, ob Sie damit zurechtkommen, dürfte ein geringerer Aktienteil eher etwas für Sie sein.

Wie lange möchten Sie Ihr Geld anlegen? Wenn Sie in Aktien investieren wollen, brauchen Sie einen langen Anlagehorizont. Kurzfristig können die Kurse stark schwanken. Aber die Vergangenheit hat gezeigt, dass über einen Zeitraum von 10 bis 15 Jahren ein breit diversifiziertes Aktienportfolio immer im Plus schloss (siehe Grafik unten). Das heißt, je später Sie das Geld brauchen, desto größer kann Ihr Aktienanteil sein. In Ihre Überlegungen sollte daher auch einfließen, ob Sie in Zukunft eine größere Ausgabe planen, die vom Anlagebetrag finanziert werden soll.

MIT DER ANLAGEDAUER SINKT DAS VERLUSTRISIKO

Die Grafik zeigt die historischen Renditen für den MSCI World. Auch wenn es immer wieder heftige Rückschläge gab – nach 13 Jahren war der Index wieder im Plus.

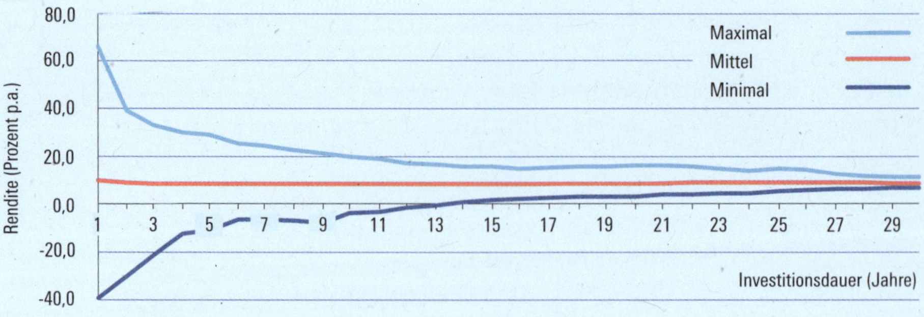

Quelle: Refinitiv, eigene Berechnungen. Stand: 30. Juni 2020

Risiko hat sehr unterschiedliche Facetten

Aktien sind riskant und das Sparbuch sicher? So leicht ist es leider nicht. Das Risiko einer Geldanlage ist eine Frage des Blickwinkels.

Bevor Sie sich für eine Aktienquote entscheiden: Lassen Sie uns zuerst noch etwas grundsätzlicher über das Thema Aktien und Risiko nachdenken. Denn die Frage, wie riskant Aktien sind, ist gar nicht so einfach zu beantworten, wie es auf den ersten Blick scheint.

Einen wichtigen Aspekt haben Sie bereits gelesen: Wie die Vergangenheit gezeigt hat, sinkt mit der Anlagedauer das Verlustrisiko eines breit diversifizierten Aktienportfolios. Über 10 bis 15 Jahre hinweg schloss es immer im Plus. Durch einen langen Anlagehorizont und eine breite Streuung lässt sich das Risiko erheblich reduzieren. Man muss nur die Nerven haben, um zwischenzeitliche Rückschläge auszuhalten. In "Breite Streuung schützt vor Tränen" ab Seite 89 erfahren Sie, wie Sie sich ein solches Depot zusammenstellen. Es gilt hier also zwischen dem kurzfristigen Risiko (sehr hoch) und dem langfristigen Risiko (sehr niedrig) zu unterscheiden.

Aktie ist auch nicht gleich Aktie: Junge, hoch bewertete Wachstumswerte sind deutlich riskanter als sogenannte „Blue Chips". Der Name umfasst große Unternehmen mit einem hohen Börsenwert und einem etablierten Geschäftsmodell. Starke Schwankungen und negative Überraschungen sind hier seltener. Die reine Aktienquote sagt also nur bedingt etwas über das Risiko des Portfolios.

Dann gibt es noch verschiedene Arten von Risiken, die man unterscheiden muss. So gibt es sichtbare und unsichtbare Risiken, Volatilitätsrisiken und Shortfall-Risiken.

Sichtbare und unsichtbare Risiken: Der Aktienmarkt hat auch deshalb einen etwas windigen Ruf, weil dort die Unternehmen praktisch minütlich neu bewertet werden. Das Gleiche gilt natürlich für Gold, Rohstoffe und Anleihen. Es geht hoch und runter, und jeder kann diese Schwankungen mit ein paar Klicks verfolgen. In meinem Depot kann ich als Anleger oder Anlegerin quasi in Echtzeit sehen, wie sich der Wert ändert. Aktien sind also ein „sichtbares Risiko". Allerdings sind auch andere Anlageklassen riskant, nur sieht man es dort nicht so. Sie haben deswegen oft den Ruf, „sicherer" zu sein, weil man hier die Wertschwankungen nicht laufend beobachten kann. Ein klassisches Beispiel dafür sind Immobilien. Niemand lässt jede Minute den Wert seines Hauses schätzen. Der interessiert einen meistens erst, wenn man das Haus wieder verkaufen will. Man bekommt deswegen nicht mit, wenn zwischenzeitlich der Immobilienpreis fällt. Es besteht also ein „unsichtbares Risiko".

Volatilitätsrisiken und Shortfall-Risiken: Unterscheiden muss man auch zwischen Volatilitätsrisiken und Shortfall-Risiken. Aktien haben ein sehr viel größeres Volatilitätsrisiko als das Geld auf dem Tagesgeldkonto. Wenn ich in einem Jahr zur Bank gehe, weiß ich genau, wie viel Geld ich abheben kann. Der Wert schwankt nicht. Die Volatilität ist also gleich null. Wie viel Geld in einem Jahr in meinem Aktiendepot sein wird, weiß ich nicht. Ich kann noch nicht einmal wissen, welchen Wert es am nächsten Tag hat. In diesem Sinne ist das Tagesgeldkonto extrem risikoarm und selbst ein breit diversifiziertes Aktienportfolio sehr risikoreich. Jetzt betrachten wir die beiden Anlageformen aus einer anderen Perspektive. Für diesen Risikovergleich schauen wir nicht auf die Volatilität, sondern auf die Rendite. Die Frage für den Vergleich lautet: Wie groß ist das Risiko, eine reale Rendite unter zwei Prozent zu erzielen? Die reale Rendite ist die Rendite nach Abzug der Inflation. Es geht also um das sogenannte Shortfall-Risiko, also die Wahrscheinlichkeit, einen festgelegten Schwellenwert in einem bestimmten Zeitraum nicht zu erreichen. Untersuchungen zeigen, dass Sparguthaben in der Vergangenheit wesentlich häufiger diese Renditeanforderung unterschritten. Aus diesem Blickwinkel sind sie also die risikoreichere Anlage.

Sie sehen: Risiko hat verschiedene Dimensionen, und oft ist es nur eine Frage der Perspektive. Feststellen lässt sich auf jeden Fall: Mit einem langen Anlagehorizont bietet ein breit gestreutes Aktienportfolio ein hohes Maß an Sicherheit. Nicht nur das Verlustrisiko ist auf lange Sicht, also im Schnitt 13 Jahre, gesehen minimal, der Wert des Vermögens wird in diesem Zeitraum wahrscheinlich sogar gewachsen oder zumindest auch nach Berücksichtigung der Inflation nicht weniger geworden sein. Das Tagesgeldkonto hingegen ist zwar nicht den Schwankungen des Marktes unterworfen, dennoch kann

IM CHECK: DAS RICHTIGE RISIKO

Wie viel Risiko wollen und können Sie sich zumuten? Schätzen Sie sich selbst richtig ein.

- Verfügen Sie über einen kurzen, mittleren oder langen Anlagehorizont? Sie können ein größeres Risiko bei Ihrer Geldanlage eingehen, wenn Sie mehr Zeit haben.
- Ihre Renditeerwartung bestimmt das Risiko. Wollen Sie mehr Rendite, müssen Sie Ihr Geld riskanter investieren.
- Haben Sie in Ihrem Leben schon einmal einen finanziellen Verlust erlitten? Wie haben Sie sich dabei gefühlt? Wenn Sie Verluste sehr belasten, spricht das für ein niedrigeres Risiko.
- Bauen Sie finanzielle Reserven auf. Dann kommen Sie nicht so schnell in Verlegenheit, Ihre Aktien trotz Verlusten verkaufen zu müssen. Sie können also Börsenkrisen aussitzen. Ihre Risikotragfähigkeit ist damit höher.
- Denken Sie nicht nur an Ihre eigene Risikobereitschaft, sondern auch an die Ihres Partners oder Ihrer Partnerin – vor allem, wenn Sie gemeinsames Geld investieren. Sie müssen sich hier einig sein, sonst ist Streit in schlechten Börsenphasen vorprogrammiert.
- Geld, auf das Sie verzichten können („Spielgeld“), können Sie riskanter investieren.
- Sie müssen weiterhin gut schlafen können. Halten Sie die Sorgen um Ihre Geldanlage nachts wach, sollten Sie das Risiko auf Ihr persönliches Wohlfühlmaß reduzieren.
- Überprüfen Sie immer wieder Ihr Anlagerisiko. Ändert sich Ihre Lebenssituation, kann es ratsam sein, das Risiko anzupassen.
- Unterschätzen Sie nicht die unsichtbaren Risiken mancher Anlageformen. Nur weil es keine offensichtlichen Wertschwankungen gibt, heißt das nicht, dass die Anlage sicher ist.
- Wenn Sie unsicher sind, fangen Sie mit einer geringen Aktienquote an. Kommen Sie mit den Schwankungen gut klar, können Sie sie erhöhen.

es auf Dauer eine unsichere Anlageform sein. Denn wenn die reale Rendite dauerhaft negativ ist, bleibt zwar der nominale Betrag erhalten, der Wert ist allerdings mit der Zeit deutlich geschrumpft.

Letztendlich kommt es darauf an, dass Sie sich mit Ihrer Entscheidung wohlfühlen! Keine Renditechance ist es wert, schlaflose Nächte zu haben. Sie müssen sich auch nicht direkt festlegen. Fangen Sie mit einer niedrigen Aktienquote an und horchen Sie in sich hinein. Können Sie die Schwankungen aushalten, oder sind Sie den ganzen Tag schlecht gelaunt, wenn die Kurse fallen? In diesem Fall sollten Sie die Quote vielleicht eher nicht erhöhen. Ansonsten könnten Sie zu mehr Aktien umschichten. Warten Sie anschließend wieder etwas ab. So können Sie sich Ihrer Wohlfühlquote annähern. Denken Sie ruhig ein wenig darüber nach, welches Anlagerisiko Sie tragen wollen. Vergessen Sie aber nicht, dass sich alles noch ändern lässt und dass Sie keine Entscheidung fürs Leben treffen.

Nur eines sollten Sie nicht tun: Bei jeder Gelegenheit die Aufteilung Ihres Depots ändern. Wenn Sie sich einmal entschieden haben, dann bleiben Sie bei der gewählten Aufteilung. Ansonsten passiert es Ihnen, dass Sie bei steigenden Aktienkursen viel zu viele Aktien kaufen und somit auch ein zu hohes Risiko eingehen. Und umgekehrt würden Sie bei fallenden Kursen verkaufen, damit Verluste realisieren und sich die Chance nehmen, von einer Erholung zu profitieren.

Etwas anderes ist es, wenn sich Ihre Lebenssituation ändert. Die Geburt eines Kindes, der Kauf eines Hauses oder der näher rückende Renteneintritt können Momente sein, in denen eine Umschichtung vom riskanteren Portfolioteil hin zum sichereren Teil sinnvoll sein kann. Ein steigendes Einkommen nach einem Jobwechsel könnte wiederum ein Ereignis sein, das das Portfolio in die andere Richtung verschiebt, weil Ihre Risikotragfähigkeit steigt.

ETF und Fonds sind Deine Chance

3

Einzelaktien sind risikoreich. Mit ETF und Fonds lässt sich unkompliziert in eine Vielzahl von Werten investieren und so das Anlagerisiko deutlich senken.

Bequemlichkeit ist an der Börse nichts Anrüchiges

ETF und Fonds helfen Ihnen, Ihre Aktieninvestments breit aufzustellen. Sie unterscheiden sich aber in einigen wesentlichen Punkten.

Diversifikation ist der Schlüssel für Ihren langfristigen Vermögensaufbau an der Börse. Wer breit streut, also in unterschiedliche Unternehmen aus verschiedenen Ländern und Branchen investiert, kann sein Risiko deutlich senken. Einzelne Unternehmen können untergehen. Wenn Sie im großen Stil auf Aktien dieses Unternehmens gesetzt haben, geht Ihre Geldanlage mit unter. Wenn die Aktien eines Unternehmens aber nur einen kleinen Anteil am Depot ausmachen, sind die Folgen für die Gesamtperformance begrenzt.

> **„NICHT ALLE EIER IN EINEN KORB LEGEN", lautet eine berühmte Börsenweisheit. Sie verbildlicht anschaulich die Idee der Diversifikation: Durch Risikostreuung wird ein Totalverlust nahezu ausgeschlossen.**

Sie können natürlich theoretisch Dutzende Einzelaktien kaufen, um Ihre Anlage zu streuen. Müssen Sie aber nicht. Einfacher geht es mit ETF (Exchange Traded Funds, zu Deutsch: börsengehandelte Indexfonds). Dabei handelt es sich um Fonds, die passiv die Entwicklung eines Index abbilden. Das heißt, es befinden sich die gleichen Werte in dem ETF wie in dem Index. Ein Index fasst regelbasiert und nach bestimmten Kriterien die Entwicklung einer Vielzahl von Aktien zusammen. Es gibt Indizes auf Länder, Regionen, Branchen und Themen. Mit einem ETF können Sie so auf vielfältige Weise investieren. Auch Anleihen können in Indizes zusammengefasst werden. Egal ob Unternehmens- oder Staatsanleihen, verschiedene Laufzeiten, unterschiedliche Bonität – das Angebot ist groß.

Der große Vorteil bei der Investition in einen ETF: Sie investieren mit einem Schlag in alle Unternehmen, die in dem zugrunde liegenden Index enthalten sind. Manche Indizes wie der MSCI World umfassen über 1 500 Unternehmen, beim FTSE All World sind es sogar knapp 4 000. Damit eignen sich ETF hervorragend dafür, ein Depot zu diversifizieren (mehr dazu erfahren Sie in „Breite Streuung schützt vor Tränen" ab Seite 89).

Dem Index oder Profis folgen?

Auch aktiv gemanagte Fonds ermöglichen es Anlegern und Anlegerinnen, in Länder, Branchen und bestimmte Themen zu investieren. In dieser Hinsicht ähneln sie den ETF. Oft umfasst das Portfolio eines aktiven Fonds mehrere Dutzend Werte. Das sind natürlich deutlich weniger als bei manchen ETF, denn kein Fondsmanager kann Hunderte Aktien gleichzeitig angemessen im Blick behalten. Trotzdem eigenen sich auch gemanagte Fonds gut für die Diversifikation eines Depots.

Der große Unterschied zu ETF: Aktiv gemanagte Fonds bilden keinen Index nach, der nach festgelegten Kriterien zusammengestellt wurde. Stattdessen wählt ein Fondsmanager mit seinem Team die Wertpapiere aus und passt das Portfolio immer wieder an. Das heißt, er kauft Aktien oder Anleihen hinzu, die er für chancenreich hält, stockt Positionen auf oder verkauft Papiere, von denen er sich keine gute Rendite mehr verspricht. ETF hingegen sind passiv gemanagte Fonds. Das heißt: Nur wenn sich im Index, den der ETF nachbildet, etwas ändert, müssen die Experten hinter dem ETF handeln und diesen anpassen.

Seine Analysen und Expertise lässt sich das Management eines aktiv gemanagten Fonds von den Anlegern bezahlen. Wer einen Fondsanteil kaufen will, muss in aller Regel einen sogenannten Ausgabeaufschlag bezahlen. Normal sind bei Aktienfonds zum Beispiel fünf Prozent der Anlagesumme. Selbst wenn man sich durch den Kauf bei einem Fondsvermittler einen großen Teil der Einstiegskosten spart, bleiben aktive Fonds teuer. Ins Gewicht fallen vor allem die jährlichen Verwaltungsgebühren. 1,5 Prozent sind nicht ungewöhnlich. Hinzu kommen manchmal noch erfolgsabhängige Gebühren für den Fall, dass der Fondsmanager gut gewirtschaftet hat. Diese Kosten drücken natürlich die Rendite. Bei ETF hingegen gibt es keinen Fondsmanager, der bezahlt werden muss. Sie sind deutlich günstiger. Die jährlichen Verwaltungsgebühren betragen nur ein paar Zehntelprozent. Über die Jahre bedeutet das einen erheblichen Kostenvorteil (mehr dazu erfahren Sie in „Kosten im Blick machen den Kick" ab Seite 79).

Besser als der Markt?

Die höheren Kosten eines Fonds können sich aber unter Umständen lohnen. Denn im Gegensatz zu ETF haben Anlegerinnen und Anleger mit aktiv gemanagten Fonds die Chance, den Markt zu schlagen. Profis sprechen hier von einer Outperformance. Praktisch jeder Anleger träumt davon, besser zu sein als der Markt. Als „Markt" gilt dabei ein Index, der das Aktienuniversum abbildet, aus dem der Fondsmanager schöpft. Häufig ist auch die Rede von der so genannten Benchmark.

Mit einem ETF kann ein Anleger den Markt nicht schlagen. Denn das Wesensmerkmal eines ETF ist ja, einen Index eins zu eins abzubilden – in guten wie in schlechten Zeiten. Anleger machen mit einem ETF jede Aufwärtsbewegung mit, aber auch jeden Kursrutsch.

Hierin liegt nun die große Chance von aktiven Fonds: In einem ETF sind alle Unternehmen aus dem Index enthalten. Es spielt keine Rolle, ob ihr Geschäft gerade gut läuft oder ob sie in einer schweren Krise stecken. Das Management eines aktiven Fonds kann aber auswählen. Das Team kann sich nur die nach seiner Meinung aussichtsreichsten und besten Aktien ins Portfolio legen und die Strategie ans Marktumfeld anpassen.

Leider zeigen zahlreiche Studien, dass sehr viele Fondsmanager die Hoffnung der Anleger auf eine Outperformance nicht erfüllen. Kaum einem gelingt es, dauerhaft besser zu sein als die Benchmark. Die Märkte sind hochgradig effizient. Die Kurse passen sich schnell neuen Informationen an. Daher gibt es keine „guten" oder „schlechten", „teuren" oder „billigen", Aktien, wie es auch die Effizienzmarkthypothese sagt (siehe Seite 17). Das macht es für einen Fondsmanager auf lange Sicht sehr schwer, durch seine Aktienauswahl nicht nur seine Kosten zu decken, sondern darüber hinaus auch noch so viel Gewinn zu machen, dass er mit seiner Anlagestrategie tatsächlich den Markt schlägt.

Natürlich gibt es immer einmal wieder Jahre, in denen es der eine oder andere Fonds schafft, besser abzuschneiden. Doch oft sieht es dann im Jahr darauf wieder anders aus. Nur weil das Fondsmanagement in einem Jahr überzeugt hat, muss das nicht heißen, dass es auch im nächsten Jahr wieder ein gutes Gespür hat. Anleger sollten also gute Gründe haben, um in aktive Fonds zu investieren. Dass ein aktiver Fonds in den letzten Jahren besser als der Durchschnitt lief, ist für sich genommen kein ausreichender Grund für die Wahl eines aktiv verwalteten Fonds.

Die richtigen Fonds und ETF auswählen

Worauf sollten Sie beim Kauf von ETF und Fonds achten, damit sie wirklich in Ihr Depot passen?

Die Auswahl an Fonds und ETF ist riesig – und wächst ständig weiter. Leicht verliert man da die Übersicht. Wie also gehen Sie am besten vor, wenn Sie Ihr Geld mit ETF oder Fonds anlegen wollen? Wir beantworten Ihnen wichtige Fragen, auf die Sie beim Kauf stoßen können, und sagen Ihnen, welche Punkte Sie beachten sollten. Manche Aspekte sind bei Fonds und ETF gleich, bei ETF gibt es aber noch die eine oder andere Besonderheit.

Wenn Sie an der Börse investieren möchten, reizt Sie vielleicht ein bestimmtes Thema oder eine Branche besonders. Möglicherweise halten Sie Pharma- oder Tech-Aktien für besonders aussichtsreich. Oder im Tech-Bereich hat es Ihnen E-Mobility oder Künstliche Intelligenz oder vielleicht eher Cybersecurity besonders angetan. Und was ist mit bestimmten Ländern oder Regionen, denen ein gutes Wachstum vorhergesagt wird? Überall scheinen gute Investmentchancen zu warten.

Doch bevor Sie sich um solche Fragen kümmern, müssen Sie erst einmal den Grundstein für Ihr Aktiendepot legen. Dafür empfehlen wir als Basis einen Aktienfonds Welt. Das kann ein aktiv gemanagter Fonds sein oder – wenn Sie bei den Kosten sparen wollen – ein ETF auf den MSCI World. Auf diese Weise investieren Sie breit gestreut in viele Unternehmen aus verschiedenen Ländern und Branchen (mehr dazu erfahren Sie in „Breite Streuung schützt vor Tränen" ab Seite 89. So senken Sie Ihr Anlagerisiko. Eine Auswahl passender Fonds und ETF finden Sie im Anhang oder in der Fondsdatenbank von Finanztest unter test.de/fonds (mit Flatrate kostenfrei zugänglich). In der Fondsdatenbank werden jeden Monat rund 20 000 aktiv gemanagte Fonds und ETF durchleuchtet und bewertet. Sie können so mit wenigen Klicks zum Beispiel den Anlageerfolg erkennen.

Für die Bewertung werden die Fonds einer von rund 1 200 Fondsgruppen zugeordnet, für jede Fondsgruppe werden breit gestreute, markttypische beziehungsweise nachhaltige, marktähnliche ETF ermittelt. Diese Fonds sind in dieser Gruppe erste Wahl. Alle anderen Fonds erhalten Bewertungspunkte. Dazu prüfen die Tester das Verhältnis von Chance und Risiko des jeweiligen Fonds – kurz gefasst ist das das Verhältnis der Monatsrenditen der vergangenen 60 Monate im Vergleich zum Geldmarktzins. Das Chance-Risiko-Verhältnis des Fonds wird dann mit dem des Referenzindex der Fondsgruppe verglichen, bei Aktien Welt ist dies zum Beispiel der Index MSCI World. Ist das Verhältnis deutlich besser, bekommt der Fonds fünf Punkte. Näheres zur Bewertung lesen Sie unter test.de/fonds. Auch Informationen zu Kosten und zur Nachhaltigkeit finden Sie in der Datenbank.

Haben Sie mit einem Weltfonds Ihr Investment auf eine solide Grundlage gestellt, können Sie einen kleinen Teil Ihres Aktiendepots auch in andere Bereiche investieren. Die Beimischungen sollten in Summe aber nur maximal 30 Prozent ausmachen. Für diesen Beimischungsteil können Sie zum Beispiel aus dem vielfältigen Angebot an aktiv gemanagten Fonds oder ETF zu bestimmen Ländern, Themen und Branchen wählen.

Hierfür schadet es nicht, wenn Sie sich ein bisschen über die Trends und Entwicklungen informieren. Denn Sie sollen schließlich verstehen, warum Sie eine bestimmte Investition tätigen. Warum hat diese oder jene Branche gute Zukunftsaussichten? Was spricht dafür, dass die Unternehmen wachsen werden? Was sind die Treiber – und was könnten Risiken sein?

Nicht einfach blind kaufen

Wenn Sie einen Fonds oder ETF als Beimischung ins Auge gefasst haben, kaufen Sie ihn nicht vorschnell. Genauso wie Sie das Thema, in das Sie investieren wollen, verstehen sollten, ist es wichtig, auch das Investitionsvehikel zu verstehen. Es geht hierbei weniger um das Steigern der Renditechancen, sondern vielmehr darum, die Risiken besser abschätzen zu können.

Schauen Sie sich an, in welche Aktien Ihr Geld fließt. Die Informationen dazu finden Sie auf den Seiten der ETF-Anbieter oder Fondsgesellschaften. Hier gibt es direkt die entsprechenden Übersichten, oder sie stehen zum Download bereit. Oft verbergen sich die gesuchten Angaben in den sogenannten Factsheets. Schauen Sie sich vor allem die folgenden Punkte an: In welche Länder investiert der Fonds oder der ETF überwiegend? Auf welchen Branchen liegt der Schwerpunkt? Was sind die größten Einzelpositionen, und welche Gewichtung haben sie?

Mit dieser Analyse erkennen Sie, wo die Stärken und Risiken Ihres ETF oder Fonds liegen. Ein Risiko besteht vor allem da, wo das Schicksal von wenigen Aktien abhängt oder eine Branche dominiert. Sofern sich diese Posten gut entwickeln, profitieren Sie natürlich als Anteilsbesitzer überproportional. Aber wehe, wenn es nicht gut läuft! Nutzen Sie die Fondsdatenbank von Finanztest (test.de/fonds), um Produkte zu vergleichen und das Risikoprofil Ihrer bevorzugten Fonds zu recherchieren.

Vorsicht vor Klumpenrisiken

Wenn Sie mehrere Fonds mischen, achten Sie darauf, dass sich in verschiedenen Fonds oder ETF dieselben Aktien wiederfinden können. Die Aktie von Microsoft passt zum Beispiel in einen Fonds mit dem Schwerpunkt USA, aber auch in einen Fonds mit dem Schwerpunkt Technologie. Das Gleiche gilt für ETF. Aktien können natürlich in mehreren Indizes enthalten sein. Apple, um einen anderen Konzern zu nehmen, ist Mitglied im S&P 500, im Nasdaq und im MSCI World, um nur einige Indizes zu nennen.

Das heißt, wenn Sie in mehrere Fonds oder ETF investieren, können Sie sich über die enthaltenen Einzelaktien unbemerkte Klumpenrisiken einhandeln. Sie sind dann nicht etwa besser diversifiziert, wie

Sie vielleicht meinten, sondern das Gegenteil ist der Fall. Ein Beispiel soll das verdeutlichen. Dafür vergleichen wir zwei Depots. Depot A besteht aus einem ETF auf den MSCI World, in Depot B liegen vier ETF mit einem Anteil von jeweils 25 Prozent. Die vier ETF spiegeln die Entwicklung des MSCI World, des S&P 500, des MSCI World Information Technology und des Nasdaq.

Auf den ersten Blick wirkt es so, als wäre Depot B besser diversifiziert. Vier ETF sind besser als einer, sollte man meinen. Aber das ist ein Irrtum. Denn manche Aktien sind in allen vier Indizes vertreten. Dadurch bekommen sie unbemerkt ein gewaltiges Gewicht in Depot B. Deutlich wird das vor allem an Apple und Microsoft. Ihr Anteil liegt in Depot A bei rund fünf Prozent im Fall von Apple und bei rund 3,7 Prozent bei Microsoft. In Depot B sind es dagegen knapp 12,3 Prozent für Apple und über neun Prozent für Microsoft. Das heißt: Zwei Aktien kommen zusammen auf ein Gewicht von über 21 Prozent. Das bedeutet natürlich ein massives Klumpenrisiko. Mehr ETFs haben das Depot nicht besser diversifiziert, sondern schlechter. Auch andere Aktien haben an Gewicht gewonnen, wie

RISIKEN DURCH DIE HINTERTÜR

Achten Sie immer darauf, welche ETF oder Fonds Sie in Ihrem Depot kombinieren. Wenn dieselbe Aktie in verschiedenen Investitionen enthalten und in manchen Fonds dazu sehr hoch gewichtet ist, können Klumpenrisiken auch im Gesamtportfolio entstehen.

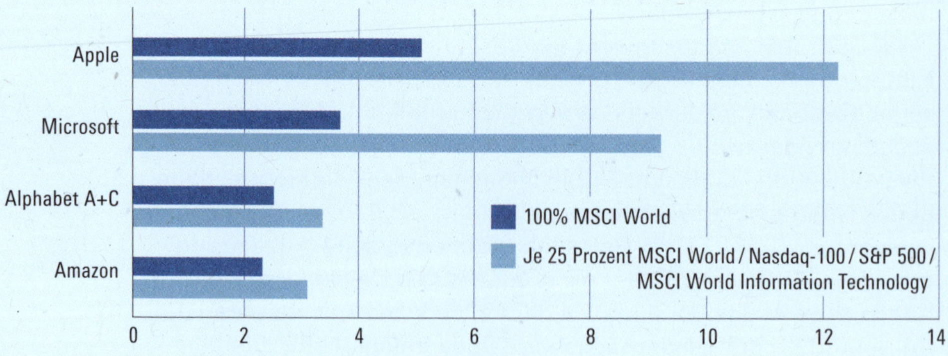

Quelle: eigene Berechnungen, Anbieterangaben. Stand: 31. August 2022

Sie in der Grafik sehen können, wenn auch nicht so extrem wie im Falle von Apple und Microsoft.

Auch wenn das ein Extrembeispiel ist: Haben Sie immer Ihr gesamtes Depot im Blick, wenn Sie einen Fonds oder ETF kaufen, und achten Sie auf die Balance. Das gilt natürlich auch, wenn Sie in eine neue Aktie investieren.

Ausschüttend und thesaurierend

Als Fondsbesitzer haben Sie natürlich auch einen Anspruch auf die Dividendenausschüttungen der Unternehmen, die darin enthalten sind. Mit der Zahlung einer Dividende lässt ein Unternehmen je nach Geschäftslage und -politik seine Eigentümer – nichts anderes sind ja die Aktionäre – am Geschäftserfolg teilhaben. Dafür wird ein Teil des Gewinns ausgeschüttet (mehr dazu erfahren Sie in „Dividendengier kann schmerzhaft enden“ ab Seite 62).

Eine Dividende fließt auch, wenn die Aktie in einem Fonds liegt oder Teil eines ETF ist. Es stellt sich dann die Frage, was mit dem Geld passieren soll: Wird es ausgeschüttet an die Anteilseigner – oder wird es reinvestiert und steigert damit den Wert des Fonds beziehungsweise ETF? In diesem Fall spricht man davon, dass die Dividende thesauriert wird.

Fonds gibt es oft in beiden Varianten, thesaurierend und ausschüttend, oft sogar vom selben Anbieter. Sie haben also die Wahl. Die Informationen dazu finden Sie übersichtlich in den Fondsunterlagen, bei vielen Vergleichsportalen oder in der Finanztest-Fondsdatenbank unter test.de/fonds.

Es gibt Argumente sowohl für thesaurierende als auch für ausschüttende Fonds. Für die Ausschüttung spricht, dass einmal oder sogar mehrmals im Jahr ein wenig Geld aufs Konto fließt, das man ausgeben oder wieder anlegen kann. Ein wichtiges Argument für thesaurierende Fonds und ETF ist hingegen, dass die Reinvestition den Vermögensaufbau unterstützt. Man ist als Anleger gar nicht erst versucht, den plötzlichen Geldsegen für Konsumzwecke auszugeben, denn der Betrag landet nicht auf dem Konto, sondern fließt direkt in neue Aktien. Und man verliert auch keine Zeit zwischen der Ausschüttung und einer möglichen Wiederanlage.

Die allgemeine Empfehlung ist daher, beim langfristigen Vermögensaufbau eher thesaurierende Fonds und ETF zu wählen oder –

wenn es nicht anders geht – die Ausschüttungen sofort wieder anzulegen. Sie können eventuell mit Ihrer depotführenden Stelle auch die automatische Wiederanlage vereinbaren, wenn Sie das Geld nicht ausgezahlt haben wollen.

Synthetisch und replizierend

Bei aktiv gemanagten Fonds ist die Sache relativ klar. Eine Fondsmanagerin kauft die Aktien, die sie gut findet. Die Aktien liegen dann im Depot. Bei ETF geht es aber um die Nachbildung eines Index. Hier gibt es verschiedene Methoden, was für Sie bei der Recherche nach einem passenden ETF vielleicht etwas verwirrend sein kann. Sie stoßen dann auf Begriffe wie „voll replizierend" beziehungsweise „physisch replizierend", „stratified sampling" oder „synthetisch". Diese Begriffe geben Aufschluss darüber, wie der ETF-Anbieter den Index nachbaut.

Grundsätzlich hat der ETF-Anbieter dafür zwei Möglichkeiten. Zum einem kann er die Aktien aus dem Index kaufen. Man spricht dann davon, dass der ETF „physisch replizierend" oder auch „voll replizierend" ist. Allerdings gibt es hier eine kleine Einschränkung: Kleine Indizes bauen ETF-Anbieter in der Regel eins zu eins nach, die Zahl der Aktien im ETF ist also genauso so groß wie im Index. Bei sehr großen Indizes mit sehr vielen Aktien machen sich ETF-Anbieter jedoch nicht immer die Mühe, tatsächlich alle Aktien zu kaufen. Denn Aktien mit einer sehr kleinen Gewichtung haben nur einen geringen Einfluss auf die Wertentwicklung. Die Zahl der Aktien eines Index weicht daher oft von der Zahl der Titel im ETF, der den Index nachbildet, ab. Zum MSCI All Country World gehören etwal rund 2 900 Aktien. Der passende ETF von iShares zum Beispiel enthält aber nur rund 2 300 Werte. Man spricht dann von einem „optimierten Portfolio" oder "stratified sampling".

Die zweite Möglichkeit ist die sogenannte synthetische Nachbildung. Dabei hält der ETF-Anbieter gar nicht die Aktien des Basisindex. Stattdessen besteht der ETF aus einem Korb mit anderen Aktien. Über spezielle Vereinbarungen mit Marktteilnehmern stellt der ETF-Anbieter sicher, dass sein Produkt trotzdem den Index nachbildet, obwohl es die Aktien gar nicht besitzt. Wie das genau funktioniert, verdeutlicht die Grafik rechts. Vor allem bei exotischen Aktienmärkten oder Investmentthemen mit geringer Liquidität können syn-

SO FUNKTIONIEREN SYNTHETISCHE ETF

Bei einem synthetischen ETF muss nicht das drin sein, was draufsteht. Die Papiere können völlig andere sein als die im Basisindex enthaltenen. Der Partner des ETF-Anbieters sorgt dafür, dass sich der ETF trotzdem so entwickelt wie der Index.

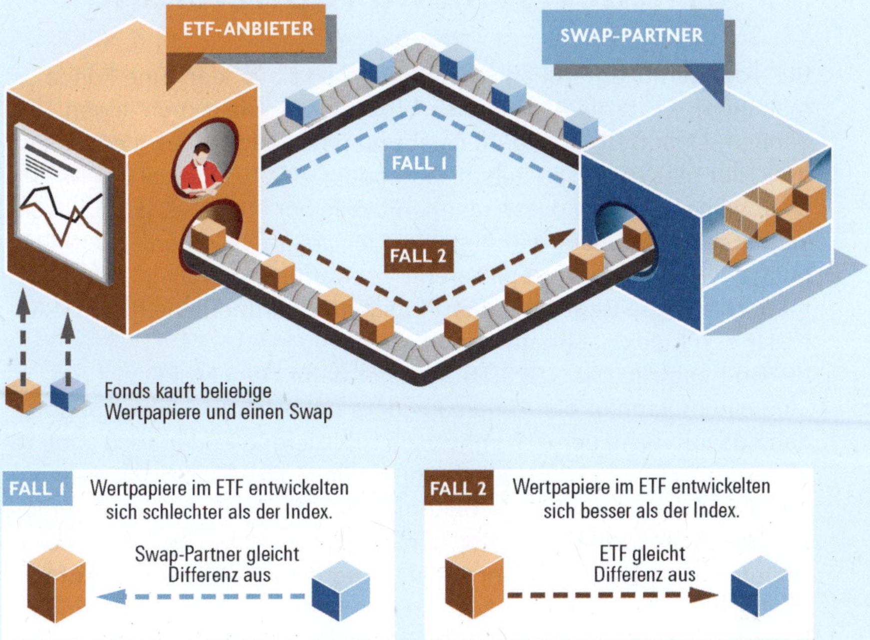

thetische ETF Sinn ergeben. Grundsätzlich ist gegen sie trotz der etwas ungewöhnlichen Konstruktion nichts einzuwenden. Relevant könnte das aber sein, wenn Ihnen das Thema Nachhaltigkeit wichtig ist. Zwar mag dann der Index dem Anschein nach aus nachhaltigen Aktien bestehen. Wegen der speziellen Konstruktion synthetischer ETF kann Ihr Geld tatsächlich aber in ganz andere Werte fließen.

So verwirrend die verschiedenen „Bauarten" der ETF sein mögen: Mit Nachteilen für die Performance müssen Sie bei keiner Variante rechnen. Mit allen Methoden gelingt es den ETF-Anbietern, die Entwicklung des Basisindex sehr gut nachzubilden.

Was die Trackingqualität aussagt

ETF haben zwar das Ziel, die Entwicklung eines Index abzubilden. Doch ganz exakt gelingt das praktisch nicht, und der ETF entwickelt sich meist ein bisschen schlechter. Man spricht hier auch von der „Trackingdifferenz". In den Unterlagen des ETF oder bei Vergleichsportalen können Sie in der Regel einsehen, wie gut es dem ETF gelingt, seinen Index nachzubilden.

Gründe für den kleinen Performance-Unterschied sind die Dividenden, eventuelle Quellensteuern und die Kosten. Groß sind die Unterschiede zwischen den Anbietern in aller Regel nicht. Aber wenn Sie die Wahl zwischen ETF von verschiedenen Anbietern haben, dann könnte es sich lohnen, diesen Aspekt mit zu berücksichtigen.

Nicht immer lässt sich allerdings aus der aktuellen Trackingdifferenz ein Rückschluss auf die weitere Performance ziehen. Es gibt viele Gründe, warum sie sich ändern kann. Die Kosten können zum Beispiel variieren, oder der Fonds wechselt sein Domizil, was Einfluss auf den Umgang mit der Quellensteuer haben kann.

Wie hoch sind die Gebühren?

Gebühren können den Vermögensaufbau erheblich bremsen. Deswegen lohnt es sich, hier genauer hinzuschauen. Näheres zum Thema erfahren Sie in „Kosten im Blick machen den Kick" ab Seite 79. Bei aktiven Fonds begegnen Ihnen Kosten an verschiedenen Stellen. Prüfen Sie bei Ihrer Depotbank, wie hoch der Ausgabeaufschlag und die laufenden Kosten für Ihren Wunschfonds sind. Die laufenden Kosten setzen sich im Wesentlichen aus der Verwaltungsgebühr und der Bestandsprovision zusammen. Es gibt auch Anbieter, über die Anleger Fonds ohne Ausgabeaufschlag kaufen und auch bei der Bestandsprovision sparen können.

Prüfen Sie außerdem, welche Kosten darüber hinaus noch anfallen. Manchmal werden Erfolgsgebühren fällig, wenn der Fonds besonders gut abschließt. Hier lohnt es sich also, zu vergleichen, wenn Sie mehrere Fonds in der engeren Wahl haben. Auch die Transaktionskosten für den Kauf und Verkauf der Aktien werden dem Fonds und damit dem Anleger oder der Anlegerin belastet.

IM CHECK: GELD ANLEGEN MIT ETF UND FONDS

Worauf muss man beim Anlegen in ETF und aktiv gemanagte Fonds achten?

- Streuen Sie Ihre Investition auf viele Aktien aus unterschiedlichen Branchen und Regionen, um das Verlustrisiko zu senken. Am besten geht das mit Fonds und ETF.
- Mit ETF und Fonds können Sie nicht nur breit streuen, sondern auch auf bestimmte Themen setzen. Solche Themenfonds und -ETF sollten aber nur eine Beimischung sein.
- Besparen Sie Fonds und ETF am einfachsten über einen kostengünstigen Sparplan (siehe auch Seite 70 ff.), Dabei kaufen Sie regelmäßig für kleine Summen Anteile. Einmal eingerichtet, müssen Sie sich um nichts mehr kümmern und bauen auf diese Weise stetig Vermögen auf.
- Mit ETF und Fonds können Sie vielfältig investieren. Möglich sind Investitionen in bestimmte Regionen, Branchen oder Themen. Neben Aktien sind auch Investitionen in andere Anlageklassen, insbesondere Anleihen, möglich.
- Wenn Ihnen die Marktrendite reicht, sind ETF in der Regel das richtige für Sie. Wollen Sie besser abschneiden als der Markt, müssen Sie zu Fonds greifen. Doch Vorsicht: Nur wenigen Fonds gelingt tatsächlich eine dauerhafte Überrendite.
- Achten Sie auf die Kosten! ETF sind deutlich kostengünstiger als gemanagte Fonds. Die höheren Gebühren belasten die Renditechancen der Fonds, zumal es nur wenigen gelingt, die Kosten durch eine bessere Rendite auszugleichen.
- Informieren Sie sich, bevor Sie einen ETF oder Fonds kaufen. Schauen Sie sich zum Beispiel die größten Aktienpositionen an und überlegen Sie, ob der ETF oder der Fonds zu den anderen Positionen in Ihrem Depot passen. Recherchieren Sie vor allem, wie gut der Fonds oder der ETF ist. Dabei hilft unsere Fondsdatenbank (test.de/fonds).
- Wählen Sie bei Fonds und ETF, ob die Dividendenzahlungen ausgeschüttet oder thesauriert werden sollen. Bei thesaurierenden Fonds werden die Dividenden automatisch reinvestiert und steigern den Wert Ihrer Anteile. Im Allgemeinen ist die Thesaurierung daher für den langfristigen Vermögensaufbau besser geeignet.

Bei ETF sind die Gebühren deutlich geringer als bei aktiven Fonds. Sie schmälern also weniger die Rendite. Aber natürlich lässt sich auch hier ein wenig sparen, wenn es ähnliche ETF auf einen Index gibt. In der Fondsdatenbank von Finanztest unter test.de/fonds finden Sie die laufenden Kosten aller in Deutschland zugelassenen Fonds und ETF.

Allerdings kann es manchmal sinnvoll sein, nicht den günstigsten Fonds zu wählen. Ist Ihnen zum Beispiel besonders wichtig, dass Ihr ETF nicht thesaurierend, sondern ausschüttend sein soll, könnte das ein Grund sein, die Kosten an zweite Stelle zu setzen. Bei aktiv gemanagten Fonds kommt es in erster Linie auf den Anlageerfolg an. Ein guter Fonds, der etwas mehr kostet als ein schlecht bewerteter, ist die bessere Wahl.

Bei ETF können die Kosten durch Einnahmen aus Wertpapierleihgeschäften gesenkt werden. Bei der Wertpapierleihe stellt der ETF-Anbieter anderen Marktteilnehmern durch den ETF gehaltene Titel gegen eine Leihgebühr und Sicherheiten vorübergehend zur Verfügung.

Von Anbieterauswahl nicht irritieren lassen

Der Kauf von ETF kann etwas verwirrend sein. Wer zum Beispiel einen ETF auf den MSCI World kaufen möchte, wird rasch feststellen, dass es mehrere von verschiedenen Anbietern gibt. Die gute Nachricht: Es gibt dabei kein „Richtig“ und „Falsch“. Alle ETF leisten dasselbe, nämlich den ausgewählten Index abzubilden (in unserem Beispiel den MSCI World). Unterschiede kann es höchstens bei der Art der Indexnachbildung, den Kosten und der Verwendung der Dividendenerträge geben.

Auch ist Ihr Geld bei einem Anbieter nicht sicherer als beim anderen. ETF gehören zum sogenannten Sondervermögen. Im Falle einer Pleite des Anbieters sind sie daher nicht Teil der Insolvenzmasse und somit geschützt. Das Gleiche gilt auch für aktiv gemanagte Fonds.

Kaufe keine Aktie ohne einen Plan

4

Auf Einzeltitel statt auf Fonds zu setzen ist riskant. Aber ein bisschen Zocken kann auch Spaß machen. Mit der richtigen Strategie lässt sich das Verlustrisiko zumindest etwas senken.

Das Bauchgefühl ist ein schlechter Ratgeber

Impulsiv sollten Sie niemals in eine Aktie investieren. Kennzahlen helfen bei der Analyse.

Eine Anmerkung vorweg: Unsere klare Empfehlung ist, dass Sie beim Vermögensaufbau den Schwerpunkt auf ETF und Fonds setzen. Denn so lässt sich spielend leicht in Dutzende oder gar Tausende Aktien investieren. Eine breite Streuung ist der beste Schutz gegen die Risiken der Börse (mehr dazu erfahren Sie in „ETF und Fonds sind Deine Chance“ ab Seite 35). Breit gestreute ETF und Fonds bieten deshalb das beste Rendite-Risiko-Profil.

Das bedeutet aber nicht, dass Sie um Aktien einzelner Unternehmen einen weiten Bogen machen sollen. Machen wir uns nichts vor: Es macht Spaß, auch mal auf den einen oder anderen Titel zu setzen. Es ist interessant und aufregend, sich mit Unternehmen und ihren Geschäftsmodellen zu beschäftigen, die Kursentwicklung zu verfolgen und sich im Freundes- oder Kollegenkreis darüber auszutauschen. Vortrefflich lässt sich diskutieren, ob eine Aktie gerade „ein Kauf“ ist oder nicht und welches Unternehmen gute Aussichten hat. Und liegt man richtig, kann man sich über eine schöne Rendite freuen.

Doch bei aller Freude über einen Gewinn: Der nächste Verlust ist möglicherweise nur einen Handelstag entfernt. Einzelaktien sind mit einem hohen Risiko verbunden (mehr dazu erfahren Sie in „Breite Streuung schützt vor Tränen“ ab Seite 89). Man sollte niemals seine Fähigkeiten als „Stock Picker“ überschätzen. Die Märkte arbeiten hoch effizient. „Der Kauf einer Aktie ist eher eine Wette als eine Investition“, schreibt der Börsenexperte Andreas Beck in seinem Buch „Erfolgreich wissenschaftlich investieren“. Die Wette laute, dass der aktuelle Aktienkurs an der Börse zu niedrig und das Unternehmen in Wirklichkeit viel wertvoller sei. „Sorry, aber vergiss es“, schreibt Beck weiter. „In normalen Marktphasen beobachten Tausende promovierter Mathematiker und Physiker in Frankfurt, London, New York, Tokio mit Spezialrechnern 24 Stunden den Markt auf der Suche nach Fehlbewertungen. Wenn sie eine gefunden haben, kaufen sie, wodurch die Fehlbewertung in Sekunden verschwindet. Es ist Größenwahn zu glauben, dass man dieses Spiel dauerhaft aus seinem Wohnzimmer heraus als Trader gewinnen kann."

Das heißt für Sie, dass Sie eher vorsichtig in Aktien investieren sollten. Setzen Sie nur Geld ein, das Sie auch verlieren könnten („Spielgeld"). Auch wenn Sie sich noch so viel Mühe bei der Suche nach guten Aktien geben – am Ende ist es schlicht Glückssache, egal, was Autoren von Börsenbriefen und Anlegerzeitschriften sagen. Sie haben den Erfolg nicht in der Hand. Sie haben jedoch die Chance, Ihr Verlustrisiko zu beeinflussen, wenn Sie auf ein paar Dinge beim Kauf achten. Schiefgehen kann das Investment dann zwar immer noch, aber Sie haben zumindest die Aussicht, mit einem blauen Auge davonzukommen.

Riskante und weniger riskante Aktien erkennen

Zuerst einmal ist es wichtig zu verstehen, dass es riskante und weniger riskante Aktien gibt. Das beginnt bei der Ausrichtung des Unternehmens: Bei zyklischen Aktien schwankt, wie der Name schon deutlich macht, das Geschäft mit dem Konjunkturzyklus. Maschinenbauer gehören zum Beispiel zu dieser Gruppe, Chemieunternehmen und Autohersteller. Aktien aus dieser Gruppe sind also tendenziell riskanter, weil die Einnahmen stärker schwanken. Dafür sind auch die Renditechancen höher.

Auf der anderen Seite steht die Gruppe der nicht-zyklischen oder auch defensiven Werte. Hier fließen die Einnahmen relativ unabhängig vom Wirtschaftswachstum. Die Angebote dieser Firmen werden immer gebraucht, egal ob die Konjunktur zulegt oder nicht. Vertreter dieser Gruppe sind zum Beispiel Pharmaunternehmen, Versorger und Hersteller von Konsumgütern des täglichen Bedarfs. Anleger gehen mit defensiven Werten ein eher geringeres Risiko ein. Im Gegenzug sind die Wachstumsaussichten auch begrenzter.

STATT VON SUBSTANZ- und Wachstumswerten zu sprechen, nutzen die Börsenprofis oft die englischen Ausdrücke. Die Rede ist dann von „Value"- und „Growth"-Aktien.

BRANCHEN IM KONJUNKTURVERLAUF

Ein Konjunkturzyklus lässt sich in unterschiedliche Phasen unterteilen. In jeder Phase gibt es Branchen, die besonders gefragt sind. In einem ausgewogenen Depot sollten daher zyklische und nicht-zyklische Branchen vertreten sein.

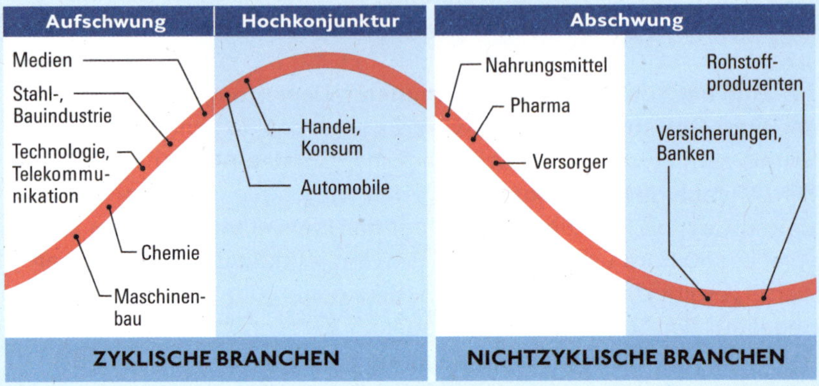

Auch die Reife eines Unternehmens spielt eine Rolle. Substanzwerte sind bereits am Markt etabliert und haben ein relativ stabiles Geschäftsmodell mit soliden Gewinnen. Oft zahlen sie eine Dividende. Das Risiko für Anleger ist bei einer Investition also eher geringer. Wachstumswerte leben dagegen vor allem von der Fantasie und sind hoch bewertet. Die Anleger setzen darauf, dass später die Einnahmen üppig fließen werden, wenn das Unternehmen mit seinen Ideen den Markt erobert. Diese Aktien sind deutlich riskanter: Zerschlagen sich die Hoffnungen oder können die Unternehmen die in sie gesetzten Erwartungen nicht erfüllen, geht es häufig rasant bergab.

Teuer oder günstig?

Ein weiterer Schritt bei der Aktienauswahl ist ein Blick auf eine Reihe von Kennziffern, auf die Käufer von Einzelaktien typischerweise achten. Die Kennziffern vermitteln Ihnen einen Eindruck vom Zustand des Unternehmens und wie es an der Börse bewertet ist, ob also die Aktie eher „teuer" oder eher „billig" ist. Denn nur weil eine Aktie viel kostet, heißt das nicht automatisch, dass sie „teuer" ist. Das Gleiche gilt umgekehrt: Ein niedriger Preis macht eine Aktie nicht direkt „günstig".

Es ist alles eine Frage der Erwartungen. Es geht also, vereinfacht gesagt, darum, wie viel von der künftigen Entwicklung der Kurs schon vorwegnimmt. Im Börsenjargon spricht man auch davon, wie viel schon „eingepreist" ist – an guten wie an schlechten Nachrichten.

Eine der am häufigsten verwendeten Bewertungskennzahlen ist das Kurs-Gewinn-Verhältnis (KGV). Es setzt den Aktienkurs ins Verhältnis zum erwarteten Gewinn je Aktie. Um das KGV zu berechnen, wird einfach der Aktienkurs durch den vergangenen oder prognostizierten Gewinn je Aktie geteilt. Liegt der Preis einer Aktie zum Beispiel bei 50 Euro und es wird ein Gewinn je Aktie von zwei Euro erwartet, ergibt das ein KGV von 25. Sie können die Kennziffer in der Regel auf den Seiten der verschiedenen Börsenportale im Internet nachschauen. Basis für die Berechnung sind neben dem Kurs die Konsensschätzungen von Analysten.

Je höher das KGV, desto größer sind die Erwartungen der Investoren ans künftige Wachstum. Ein hohes KGV bedeutet daher meistens auch ein größeres Risiko. Gerade Wachstumsunternehmen haben oft ein hohes KGV. Bei Substanzwerten liegt es dagegen eher niedrig. Vergleichen Sie am besten die KGV verschiedener Aktien miteinander, um ein gewisses Gefühl für diese Kennziffer zu bekommen. Dabei ist es wichtig, nur Aktien derselben Branche zu vergleichen. Betrachten Sie dabei auch immer den Aktienchart. Sie werden schnell feststellen, dass Unternehmen mit einem hohen KGV oft eine steile Kursentwicklung mit vielen Schwankungen haben.

Wenn ein Unternehmen schon hoch bewertet ist, ist das nicht unbedingt ein Ausschlusskriterium für den Kauf. Es ist aber ein Warnsignal. Denn wenn das Unternehmen die Erwartungen nicht erfüllt, kann es sehr schnell zu einer Neubewertung kommen. Das bedeutet: Mit dem Kurs geht es nach unten.

So praktisch das KGV für die Unternehmensbewertung auch scheint – die Kennzahl hat eine große Schwäche. Das KGV kann sich nämlich sehr schnell ändern. Revidieren die Analysten ihre Prognosen und erwarten sinkende Gewinne, wirkt sich das entsprechend auf das KGV aus. Eine vermeintlich günstige Aktie kann dann plötzlich nicht mehr so attraktiv bewertet sein.

SCHON DIE BÖRSENLEGENDE André Kostolany (1906–1999) wusste: Es ist nicht sinnvoll, sich über eine verpasste Chance zu ärgern. „Einer Straßenbahn und einer Aktie darf man nicht hinterhertrauern", lautet einer seiner bekannten Börsen-Bonmots. „Nur Geduld: Die nächste kommt bestimmt." Immerhin gibt es viele Tausend Aktien, in die man investieren kann. Statt noch in eine überteuerte Aktie (mit entsprechendem Risiko) einzusteigen, sollten Anleger Kostolanys Rat folgen und sich nach einer neuen Chance umschauen.

Eine weitere Kennzahl, auf die oft geschaut wird, ist das Kurs-Buchwert-Verhältnis (KBV). Der Buchwert spiegelt das Anlagevermögen wider. Er ist also, vereinfach ausgedrückt, die Summe, zu der das Unternehmen seine Maschinen, Möbel, Lkw und Fabriken bilanziert hat. Mit der Kennziffer können Sie also erkennen, inwieweit der Börsenwert durch das Vermögen eines Unternehmens gedeckt ist. Das KBV ist allerdings wenig hilfreich bei der Bewertung von Tech-Aktien oder ähnlichen Titeln, weil es hier wenig materielle Werte gibt.

Besonders interessant finden Spekulanten oft Unternehmen, die unter ihrem Buchwert notieren, deren KBV also unter eins liegt. Denn dann bekommen sie mehr Wert, als sie bezahlen. Ein KBV von zum Beispiel 0,9 bedeutet übersetzt, dass der Käufer 90 Cent zahlt, aber theoretisch einen Euro an Unternehmenswert bekommt. Ein niedriges KBV zeigt daher oft eine deutliche Unterbewertung einer Aktie an, kann aber auch bedeuten, dass die Börse eine Neubewertung oder größere Abschreibungen erwartet.

Schauen Sie sich auch an, wie das Unternehmen an der Börse positioniert ist. Die Marktkapitalisierung gibt Ihnen ein Gefühl für die Größe des Unternehmens. Sie berechnet sich aus der Zahl der Aktien multipliziert mit dem Preis. Achten Sie darauf, dass das Unternehmen eine gewisse Größe hat, am besten im Milliardenbereich. Bei kleinen Unternehmen reichen oft wenige Käufe oder Verkäufe, um den Kurs stark zu bewegen. Mit der Größe wächst die Robustheit.

Schließlich wird oft auch die Dividendenrendite als Kennzahl verwendet. Mit der Dividende lassen Unternehmen ihre Aktionäre am Geschäftserfolg teilhaben. Was bei der Dividendenrendite wichtig ist, erfahren Sie ausführlich in „Dividendengier kann schmerzhaft enden" ab Seite 62.

Auf die Entwicklung kommt es an

Neben den Bewertungskennzahlen ist natürlich auch ein Blick auf das Unternehmen selbst wichtig, um das Verlustrisiko nicht ausufern zu lassen. Was ist das Geschäftsmodell? Wie ist es am Markt positioniert? Wie steht es um Umsatz und Gewinn? Hier ist weniger die absolute Höhe relevant als vielmehr die Entwicklung. Der Gewinn oder Umsatz für ein bestimmtes Jahr nur für sich genommen sagen wenig aus. Interessant wird es erst, wenn sie steigen oder schrumpfen. Ein gutes Zeichen ist immer, wenn es ein kontinuierliches Gewinnwachstum gibt und die Marge wächst.

Informationen hierzu finden Sie im Geschäftsbericht des Unternehmens, in Medienberichten und in Kommentaren von Analysten. Analysten sind Finanzexperten, die oft für Banken arbeiten und sich intensiv mit ausgewählten Unternehmen beschäftigen. Sie durchleuchten die Veröffentlichungen, beschäftigen sich mit dem Markt und prognostizieren auf dieser Basis die weitere Gewinnentwicklung. Ihre Einschätzungen stehen meist nur zahlenden Kunden zur Verfügung. Zumindest Auszüge aus den Reports sind aber oft bei Börsenportalen im Internet zu finden. Manchmal veröffentlicht das Unternehmen die Berichte sogar auf seiner eigenen Internetseite im Anlegerbereich. Natürlich sind auch Analysten nicht allwissend. Ihre Sicht auf ein Unternehmen kann Ihnen jedoch hilfreiche Denkanstöße und Argumente für oder gegen den Kauf einer Aktie liefern.

Passt die Aktie ins Depot?

Zu einer Aktienanalyse gehört auch, zu überprüfen, wie sich die Wunschaktie ins Depot einfügt. Hier geht es darum, auf eine gute Mischung zu achten. Denn Aktien aus der gleichen Branche sind häufig korreliert. Das heißt, ähnliche Aktien werden in „Sippenhaft" genommen, wenn ein Branchenvertreter schlechte Zahlen liefert. Genauso wenig können sich Konzerne in der Regel allgemeinen Trends entziehen. Fällt etwa der Ölpreis, trifft das alle Ölkonzerne mehr oder weniger stark. Steigt in einer Rezession das Kreditausfallrisiko, leidet die gesamte Bankenbranche. Nicht alle Bankwerte fallen dann unbedingt gleich stark, da die Risiken bei manchen Banken größer sind als bei anderen. Jedoch trübt sich das Umfeld insgesamt ein. Investoren werden vorsichtiger.

Wenn Sie also einen interessanten Titel sehen, schauen Sie, wie er zu Ihrem restlichen Depot passt. Besitzen Sie schon ähnliche Aktien, kann es sinnvoll sein, von einem Kauf Abstand zu nehmen, um eine Schlagseite des Depots zu vermeiden. Womöglich sind Sie auch schon über ETF stark in diesen Wert investiert. Apple hat zum Beispiel einen Anteil von fünf Prozent am MSCI World. Dann noch zusätzlich Apple-Aktien zu kaufen würde die Bedeutung des iPhone-Konzerns für Ihr Depot weiter erhöhen und damit die Abhängigkeit vergrößern.

Eine Alternative zu einem Verzicht stellt ein Austausch dar. Gefällt Ihnen eine neue Aktie wirklich so gut, dass Sie sie unbedingt haben wollen, können Sie sich von einem ähnlichen Wert aus Ihrem Depot trennen. Schauen Sie sich die Papiere an und vergleichen Sie: Welche Aktie hat Sie enttäuscht? Wo glauben Sie nicht mehr an eine gute Entwicklung in nächster Zeit? Diese Aktie könnte dann ein Verkaufskandidat sein und zugunsten Ihres neuen Favoriten aus dem Depot verschwinden. Die Gesamtausrichtung bliebe dann weitestgehend erhalten.

Denken Sie schon beim Kauf an den Verkauf

Auch die Aktien von guten Unternehmen sind nicht vor Kurseinbrüchen geschützt. Ihr Investmentplan hilft Ihnen, die Ruhe zu bewahren.

Alle Informationen, die Sie gesammelt haben, fließen in einen Investmentplan ein. Denn es ist wichtig, dass Sie sich darüber klar werden, warum Sie eine bestimmte Aktie kaufen. Eine günstige Bewertung allein kann trügerisch sein – vielleicht sind nur die Prognosen noch nicht angepasst. Und was nützt eine günstig bewertete Aktie, wenn die Produkte oder Angebote des Unternehmens nicht gefragt sind?

Viele Anleger schauen auf den aktuellen Kurs und das Kursziel, das Analysten ausgeben. Das Kursziel soll ausdrücken, bei welchem Wert der Experte das Unternehmen für angemessen bewertet hält. Hierfür stellt er eine Reihe von Berechnungen an und trifft Prognosen über die Entwicklung des Gewinns und des Marktes. Auch die sogenannte Sum-of-the-parts-Analyse kommt manchmal zum Einsatz. Hierbei kalkuliert der Analyst, was einzelne Unternehmensteile wert wären, wenn der Konzern sie verkaufen oder ausgliedern würde. Wenn die Summe der einzelnen Teile über dem aktuellen Börsenwert liegt, gibt das gemäß dieser Logik einen Hinweis auf eine zu niedrige Bewertung.

Auf den ersten Blick mag es plausibel scheinen, sich die Aktien mit dem größten Kurspotenzial herauszupicken und zu kaufen. Denn theoretisch müssten diese Papiere auch die größten Gewinne versprechen. Ein hohes Kursziel allein ist jedoch kein wirklich überzeugendes Kaufargument für eine Aktie – zumal es bei großen Unternehmen, die von mehreren Analysten gecovert werden, wie man sagt, oft so viele Kursziele wie Beobachter gibt und sich somit natürlich die Frage stellt, welches das „richtige" ist. Letztlich sollte daher das Unternehmen mit seinem Geschäftsmodell den Ausschlag für den Kauf geben und nicht irgendwelche Schätzungen, die sich auch schnell wieder ändern können.

> **„DER DÜMMSTE GRUND, eine Aktie zu kaufen, ist, weil sie steigt", so hat es Warren Buffett einmal formuliert. Das klingt zunächst wie ein Widerspruch – jeder Anleger strebt schließlich nach Kursgewinnen. Doch was Buffett meint, ist, dass man eine Begründung finden soll, die losgelöst ist von der Nervosität der Märkte. Das heißt: Kaufen Sie ein Unternehmen, weil es über herausragende Qualitäten verfügt, und nicht, weil Sie auf den schnellen Kursgewinn hoffen.**

Wenn Sie wissen, was Sie an einem Unternehmen haben, und es von guter Qualität ist, können Sie auch durch Kurstäler mit Ihrer Aktie gehen. Denn ein Unternehmen wird nicht schlechter, nur weil der Kurs fällt. Aber solche Phasen steht man nur durch, wenn man hinter der Aktie steht und das Geschäft verstanden hat. Mit der Zeit wird sich die Qualität dann auch im Kurs widerspiegeln. Um noch einmal Warren Buffett zu zitieren: „Wenn ein Unternehmen gut läuft, wird die Aktie letztendlich folgen."

Wichtige Fragen vor dem Kauf einer Aktie

Konkret heißt das: Machen Sie sich einen Investmentplan, bevor Sie eine Aktie kaufen. In dem Plan führen Sie auf:

1 **WARUM SIE EINE AKTIE KAUFEN UND WAS SIE SICH ERHOFFEN:** Gründe können zum Beispiel eine herausragende Marktposition sein, ein starkes Gewinnwachstum oder eine innovative Technologie.

2 **WIE SIE SICH INFORMIEREN:** Nach dem Kauf gilt es, die Entwicklung des Unternehmens im Blick zu behalten. Informationsquellen können Unternehmensveröffentlichungen sein, aber natürlich auch Berichte in den Medien.

3 **WANN SIE VERKAUFEN:** Sie sollten sich schon beim Kauf mit kühlem Kopf Gedanken darüber machen, unter welchen Umständen Sie sich wieder von einer Aktie trennen. Denn wenn es an der Börse hektisch wird, ist es oft schwer, eine vernünftige Entscheidung zu treffen.

„Mein Ansatz funktioniert nicht, indem ich gültige Vorhersagen treffe, sondern indem ich falsche Vorhersagen korrigiere“, lautet ein Zitat des Spekulanten George Soros. Stoppkurse können eine Möglichkeit sein. Hierbei legen Sie eine Schwelle fest, bis zu der Sie Verluste akzeptieren wollen. Wenn der Kurs sie durchbricht, wird verkauft. Allerdings haben Stoppkurse ihre Tücken. Die Verkaufsorder wird oft in einem Crash ausgelöst, manchmal erholen sich die Kurse danach aber schon recht schnell wieder. Finden Sie daher auch hier am besten genau wie beim Kauf Gründe abseits der Börsenhektik. Denn ein Unternehmen wird nicht schlechter, nur weil der Aktienkurs fällt. Gerade wenn Sie Aktien eines tollen Unternehmens günstig erworben haben, kann ein Rücksetzer eine Möglichkeit sein, noch günstiger nachzukaufen. Voraussetzung dafür ist natürlich, dass das Geschäftsmodell weiter intakt ist. Hilfreich bei der Entscheidung kann folgende Frage sein: „Wenn ich das Unternehmen noch nicht hätte, würde ich die Aktie jetzt kaufen?“

AKTIEN KAUFEN, Schlaftablette nehmen, reich aufwachen – so lautet etwas verkürzt eine Börsenweisheit von André Kostolany. Sie ist aber nur noch in Teilen richtig. Nach wie vor Gültigkeit hat der Rat, seine Investitionen zu streuen, langfristig zu denken und nicht hektisch zu verkaufen, wenn es mal bergab geht. Falsch wäre es jedoch, sich nach dem Kauf gar nicht mehr mit seinem Depot zu beschäftigen. Ein regelmäßiges Rebalancing ist wichtig, damit die Aufteilung zwischen riskanten und sicheren Geldanlagen stimmt und das Risiko nicht zu hoch wird.

Schreiben Sie sich für Ihren Investmentplan die Antworten auf diese drei Punkte am besten einmal auf! Das zwingt Sie, sich ausführlich mit einem Unternehmen und seinen Aktien zu beschäftigen. Sie wissen dann genau, was Sie kaufen und warum. Diese Überzeugung kann Ihnen in schwierigen Börsenphasen helfen, Ihrer Strategie treu zu bleiben.

Beispiele für einen Investmentplan

Ein Investmentplan für ein Technologie-Unternehmen, nennen wir es NewBattery Solutions, kann dann zum Beispiel so aussehen. Die Aktie war lange Zeit sehr hoch bewertet. Nach einem Kursrutsch infolge von Gewinnmitnahmen ist der Titel günstiger zu haben.

Warum kaufe ich? NewBattery Solutions verfügt über eine innovative Technologie, um Batterien mit einer bisher nicht gesehenen Energiedichte herzustellen. Das Unternehmen kooperiert bereits mit einigen namhaften Autoherstellern. Diese Partnerschaften zeugen vom Potenzial der Technologie. Das Unternehmen will nun nach dem Bau erfolgreicher Prototypen eine Serienfertigung aufbauen.

Wie informiere ich mich? Ich verfolge aufmerksam die allgemeine Berichterstattung in den Medien zu NewBattery Solutions. Außerdem schaue ich regelmäßig auf die Veröffentlichungen des Unternehmens. Interessant sind hierbei vor allem Updates zu neuen Partnerschaften und Fortschritten bei der Serienfertigung.

Wann verkaufe ich? Auch wenn die bisherigen Prototypen vielversprechend aussehen, hat NewBattery Solutions die neuen Batterien bisher noch nicht in großer Stückzahl hergestellt. Der finale Beweis, ob sich die Batterie tatsächlich wirtschaftlich fertigen lässt, fehlt daher noch. Wenn es vermehrt zu Problemen beim Aufbau der Produktion kommt oder Autohersteller die Partnerschaft kündigen, trenne ich mich von den Aktien.

Ein zweites Beispiel, um die Idee hinter dem Investmentplan zu verdeutlichen, beschäftigt sich mit einem richtigen Substanzwert, nämlich einer Bank. Nennen wir sie Traditionsbank AG.

Warum kaufe ich? Die Traditionsbank AG ist einer der größten Vermögensverwalter der Welt. Die seit Jahren wachsenden Zuflüsse zeugen vom Vertrauen der Kunden. Das Unternehmen verfügt über ein relativ krisensicheres Geschäftsmodell. Die Gewinne wachsen seit Jahren. Nur einmal gab es in den vergangenen zehn Jahren einen Rückgang. Außerdem ist die Traditionsbank AG ein zuverlässiger Dividendenzahler. Die Ausschüttungen wachsen seit Jahren oder bleiben zumindest konstant. Das Management hat angekündigt, auch weiter eine attraktive Dividende zu zahlen. Sie sollen in den nächsten Jahren um mindestens fünf Prozent jährlich zulegen.

Wie informiere ich mich? Ich verfolge aufmerksam die Berichterstattung in den Medien zur Traditionsbank AG und zur Bankenbranche. Besonders Neuigkeiten zur Regulierung habe ich im Blick. Außerdem schaue ich regelmäßig auf die Veröffentlichungen des Unternehmens. Besonders achte ich im Geschäftsbericht auf die Entwicklung der Gewinne, des verwalteten Vermögens und Änderungen zur Dividendenpolitik.

Wann verkaufe ich? Kürzt das Unternehmen seine Dividende, ist das ein Verkaufsgrund für die Aktie. Denn ohne Not beendet ein Vorstand nicht eine solche Serie wie bei der Traditionsbank AG. Zeichen dafür, dass das Unternehmen in einer schweren Krise steckt, sind genauso, wenn der Gewinn zwei Jahre in Folge fällt oder Kunden vermehrt Geld abziehen, das verwaltete Vermögen zurückgeht.

IM CHECK: WICHTIGE FRAGEN VOR DEM AKTIENKAUF

Kaufen Sie nicht einfach blind eine Aktie. Eine Analyse vor dem Kauf mindert das Verlustrisiko.

- Passt die Aktie in Ihr Depot? Ein gut gestreutes Depot mindert die Verlustrisiken. Haben Sie ein Unternehmen im Blick, prüfen Sie, wie viele Aktien aus derselben Branche oder mit einem ähnlichen Risikoprofil Sie schon besitzen. Wenn Sie hier bereits gut aufgestellt sind, sollten Sie Abstand vom Kauf nehmen – oder sich von einer ähnlichen Aktie trennen, von der Sie weniger überzeugt sind.

- Wie ist die Aktie bewertet? Kennzahlen wie das KGV zeigen an, ob eine Aktie hoch oder niedrig bewertet ist. Aktien mit einer hohen Bewertung bergen die Gefahr von heftigen Kursrücksetzern, wenn das Unternehmen die Erwartungen nicht erfüllen kann. Sie sind also tendenziell riskanter.

- Wie hoch ist die Marktkapitalisierung? An der Börse gibt es Unternehmen in allen Größen. Der Börsenwert reicht von wenigen Millionen bis in den Billionenbereich. Unternehmen mit einer niedrigen Marktkapitalisierung sind tendenziell riskanter. Der Handel ist weniger liquide und die Kurse schwanken stärker.

- Wird eine Dividende gezahlt? Eine attraktive Dividendenzahlung kann ein zusätzliches Argument für den Kauf einer Aktie sein. Fixieren Sie sich aber nicht zu sehr auf die Dividende, sonst entgehen Ihnen möglicherweise tolle Unternehmen, vor allem Wachstumswerte, die kein oder nur wenig Geld ausschütten.

- Wie erfolgreich ist das Unternehmen? Schauen Sie sich die Entwicklung von Gewinn und Umsatz in den Veröffentlichungen des Unternehmens an. So erhalten Sie einen Eindruck vom Zustand des Unternehmens.

- Wie nachhaltig ist das Unternehmen? Wenn Ihnen neben Gewinnaussichten auch der Nachhaltigkeitsgedanke beim Investieren wichtig ist, sollten Sie Ihr Wunschunternehmen auch daraufhin abklopfen.

- Überzeugt das Geschäftsmodell? Ein hohes Kursziel oder eine günstige Bewertung sollten nicht der alleinige Grund für den Kauf einer Aktie sein. Wichtig ist, dass Sie eine Begründung finden, die nicht auf kurzfristigen Auf- und Ab-Bewegungen der Kurse in der täglichen Börsenhektik beruht.

Dividendengier kann schmerzhaft enden

5

Dividendenaktien sorgen für regelmäßige Überweisungen aufs Konto. Nur auf die Höhe der Dividende zu achten ist aber ein großer Fehler.

Wer die Dividende versteht, nicht untergeht

Nicht nur die Rendite, auch Ausschüttungshistorie, regelmäßige Steigerungen und die Zukunftsaussichten sind wichtige Faktoren bei der Dividende.

Nichtstun und dafür Geld kassieren – was wie ein kleiner Traum klingt, wird mit Dividendenaktien möglich. Mit Dividenden beteiligen Unternehmen ihre Eigentümer am Gewinn. Für jede Aktie gibt es eine bestimmte Summe. Milliarden werden so jedes Jahr an die Aktionäre ausgeschüttet. Und alles, was man dafür tun muss, ist, die passenden Werte im Depot zu haben.

Verschiedene Argumente sprechen für das Investieren in Dividendenaktien. Da ist die Teilhabe am Erfolg „Ihres" Unternehmens, da sind die regelmäßigen Überweisungen, die Ihr Einkommen aufbessern. Geben Sie sich aber nicht der Illusion hin, dass Sie so einfach von den Erträgen leben können: Für Auszahlungen in Höhe von beispielsweise 2 000 Euro im Monat müssten Sie bei einer Dividendenrendite von drei Prozent 1,2 Millionen Euro in entsprechenden Aktien angelegt haben – Steuern sind dabei nicht berücksichtigt.

Ein kleines Zusatzeinkommen ist allerdings durchaus möglich: Für monatlich 100 Euro extra aus Dividenden müssten Sie – unter gleichen Bedingen wie bei der ersten Rechnung – 40 000 Euro ansparen. Diese Zahlungen können auch über Durststrecken an der Börse hinweghelfen und den Schmerz der Kursverluste lindern.

Natürlich gibt es auch Gegenargumente: Sie müssen die Ausschüttungen versteuern, wenn der Sparerfreibetrag ausgeschöpft ist. Außerdem können sich Dividendenzahlungen nachteilig auf den langfristigen Vermögensaufbau auswirken. Denn die Zahlungen stellen einen Geldabfluss dar. Es sind damit weniger Mittel vorhanden, die sich weiter vermehren können. Zwar kann man natürlich das Geld wieder reinvestieren. Aber bis es so weit ist, vergeht meistens eine gewisse Zeit. Und natürlich schmälert die Steuer die Summe, die wieder angelegt werden kann. Dessen müssen Sie sich bewusst sein, wenn Sie Dividendenaktien ins Depot nehmen wollen.

Wie die Dividende aufs Konto kommt

Um in Dividendenaktien zu investieren, müssen Sie den zeitlichen Ablauf verstehen. Er ist bei allen Unternehmen zumindest in Deutschland ähnlich. Vier Termine sind wichtig, die Sie normalerweise online im Anlegerbereich des Unternehmens nachsehen können.

1 **DER ERSTE TERMIN** ist die Bekanntgabe des Dividendenvorschlags. Bei der Veröffentlichung des Geschäftsberichts macht der Vorstand in der Regel auch einen Vorschlag über die Höhe der Dividende je Aktie.

2 **DER ZWEITE WICHTIGE TERMIN** ist der Tag der Hauptversammlung. Hier wird über den Dividendenvorschlag des Vorstands abgestimmt. Der Tag der Hauptversammlung ist der Stichtag für den Dividendenbezug: Jeder Anleger, der zu diesem Datum eine Aktie des Unternehmens besitzt, erhält die Dividende. Es spielt also keine Rolle, ob Sie die Aktie erst seit ein paar Tagen oder seit vielen Monaten in Ihrem Depot halten.

3 **DER TAG NACH DER HAUPTVERSAMMLUNG** ist der dritte wichtige Termin. Die Aktie handelt „Ex-Dividende", wie es an der Börse heißt. Durch die bevorstehende Ausschüttung fließt Geld aus dem Unternehmen an die Aktionäre. Es fehlt also in der Firmenkasse. Der Börsenwert ist um die Dividendenzahlung gemindert. Es ist daher keine Option, eine Aktie kurz vor der Hauptversammlung zu kaufen, die Dividende zu kassieren und dann das Papier wieder zu verkaufen. Erst wenn der Dividendenabschlag durch Kursgewinne wieder ausgebügelt ist, hat man tatsächlich von der Zahlung profitiert. Davor wär ein Verkauf nur ein Nullsummenspiel.

4 **EIN PAAR TAGE SPÄTER** ist dann das Geld tatsächlich auf Ihrem Konto. Das ist der vierte Termin, der bei Dividendenaktien wichtig ist. Wenn Sie es geschickt anstellen und etwas auf die Ausschüttungstermine achten, können Sie sogar jeden Monat Dividenden kassieren. Viele amerikanische Unternehmen bedenken ihre Aktionäre nämlich nicht nur einmal im Jahr, wie es in Deutschland üblich ist, sondern quartalsweise. Das heißt: Alle drei Monate gibt es eine Dividendenzahlung.

Dividendenrendite richtig einordnen

Beim Investieren in Dividendenaktien spielt vor allem eine Kennzahl eine wichtige Rolle: die Dividendenrendite. Sie ist so verführerisch wie trügerisch, und wer sich von ihr blenden lässt, wird unter Umständen bitter enttäuscht.

Die Dividendenrendite setzt die erwartete Ausschüttung je Aktie ins Verhältnis zum aktuellen Preis der Aktie. Normalerweise können Sie den Wert auf den Börsenportalen im Internet nachschauen. Die erwartete Dividende basiert dabei auf Schätzungen von Analysten. Diese stützen sich dabei zum Beispiel auf Gewinnprognosen für das Unternehmen und übliche Ausschüttungsquoten der Vergangenheit.

Sie würden aber einen großen Fehler machen, wenn Sie sich für Ihr Depot einfach die Aktien mit den höchsten Dividendenrenditen herauspicken würden. Wer hier blind zuschlägt, erlebt möglicherweise ein böses Erwachen. Eine hohe Dividendenrendite sollte niemals der einzige Grund sein, warum Sie sich für eine Aktie entscheiden. Stattdessen sollten Sie vorher genau analysieren, warum der Wert so heraussticht.

„DIE DIVIDENDE IST DER NEUE ZINS." Gerade in den letzten Jahren war dieser Satz immer wieder zu lesen und zu hören. Mit dieser Gleichsetzung sollte man aber vorsichtig sein. So ist der Zins etwa beim Festgeldkonto (oder auch bei einer Anleihe) für einen gewissen Zeitraum festgelegt. Die Dividende ist es nicht. Davon abgesehen bleiben Dividendenwerte natürlich Aktien mit allen Risiken und Chancen. Der Kurs kann stark schwanken und das Unternehmen in die Krise geraten – mit entsprechenden Folgen für Ihr Geld.

In der Grafik auf Seite 66 verdeutlichen zwei Rechenbeispiele das Zusammenspiel von Aktienkurs und erwarteter Dividende in Bezug auf die Dividendenrendite: Fällt der Aktienkurs (bei gleichbleibender Ausschüttung), wächst die Rendite. Steigt die Ausschüttung (bei gleichbleibendem Kurs), erhöht sich auch die Rendite. Wenn Sie also auf eine Aktie mit einer Traumrendite stoßen, sollten Sie erst einmal skeptisch sein und auf Ursachensuche gehen. Meistens trifft einer der zwei folgenden Gründe zu:

HOCH UND RUNTER

Der Aktienkurs und die Höhe der Dividende haben Einfluss auf die Dividendenrendite. Sie steigt bei gleichbleibender Ausschüttung, wenn der Kurs sinkt; sie fällt, wenn der Kurs steigt. Sinkt die Dividende je Aktie, geht auch die Rendite zurück.

		Aktienpreis	
		20€	15€
Dividende	0,50€	2,50%	3,34%
	0,60€	3,00%	4,00%

Quelle: eigene Berechnungen

1 Die Rendite ist so hoch, weil der Aktienkurs so niedrig ist. Schauen Sie sich dafür den Aktienchart an: Fällt der Kurs seit Monaten? Das würde bedeuten, dass die meisten Anleger sich von der Aktie trennen, weil sie von den Zukunftsaussichten des Unternehmens nicht überzeugt sind. Eine Dividendenstrategie geht jedoch nur auf, wenn der Kurs langfristig steigt.

2 Die Rendite ist so hoch, weil die Dividendenschätzungen zu hoch sind. Manchmal kann es sein, dass die Börse daran zweifelt, ob ein Unternehmen wirklich die prognostizierte Zahlung leisten kann. Oft geht ein solcher Zweifel mit einem fallenden Aktienkurs einher. Die hohe Dividendenrendite ist also eine Kombination aus beiden Faktoren: unsichere Ausschüttung und fallender Kurs.

Wägen Sie also die Risiken und Chancen vor dem Kauf einer Aktie mit einer verführerischen Dividendenrendite sorgsam ab. Oft gibt es einen Haken. Aber gerade in Phasen, wo an der Börse die Stimmung schlecht ist und die Angst dominiert, können Sie womöglich echte

Schnäppchen machen und eine ansehnliche Ausschüttung einloggen. Denn oft werden, wenn Panik an den Märkten herrscht, auch Aktien von Unternehmen verkauft, deren Geschäfte eigentlich intakt sind. Schauen Sie sich aber immer das ganze Unternehmen an. Es sollte mehr bieten als nur eine hohe Dividendenrendite, um sich einen Platz in Ihrem Depot zu verdienen. Das Geschäftsmodell und die Wachstumsstrategie müssen auch intakt sein.

Vom Einzeltitelrisiko abgesehen gibt es aber noch einen anderen Grund, warum Sie sich bei Ihren Entscheidungen nicht allein von der Dividendenrendite leiten lassen sollten. Es gibt Branchen, die traditionell hohe Dividenden zahlen. Finanzwerte wie Banken und Versicherungen gehören dazu, Pharmaunternehmen, Tabakkonzerne, Firmen aus dem Bereich Telekommunikation und natürlich der Energiesektor mit seinen Öl- und Gasförderern. Die Firmen verfügen in der Regel über etablierte Geschäftsmodelle mit stabilen, gut planbaren Einnahmen. Sie können daher Anleger mit hohen Ausschüttungen locken. Wenn Sie Ihren Fokus also nur auf die Dividendenrendite legen, laufen Sie Gefahr, sich ein schlecht ausbalanciertes Depot zusammenzustellen. Besonders Wachstumswerte, die oftmals keine oder nur eine sehr kleine Dividende ausschütten, werden dann fehlen.

Auf Zuverlässigkeit und Planbarkeit achten

Zusammengefasst kann die Dividendenrendite also sehr trügerisch sein. Sie ist zwar eingängig und plakativ – andere Kennzahlen sind aber oft genauso wichtig beim Investieren in Dividendenaktien. Worauf Sie achten sollten, sind die Kontinuität und jährliche Steigerung der Ausschüttung, um wirklich Spaß an Ihren Dividendenaktien zu haben. Schauen Sie also nicht danach, ob ein Unternehmen möglichst viel zahlt. Auch eine zu hohe Ausschüttungsquote kann gefährlich sein, wenn dadurch das Geld für Investitionen fehlt. Richten Sie Ihren Blick eher darauf, dass der Konzern zuverlässig zahlt und am besten die Ausschüttung von Jahr zu Jahr maßvoll anhebt. Diese beiden Qualitätsmerkmale einer Dividendenaktie deuten auf ein stabiles Geschäftsmodell hin und bieten damit langfristig orientierten Anlegern Planbarkeit und Zuverlässigkeit. Denn darum geht es doch schließlich in aller Regel bei Dividendenaktien: Nicht der Einmaleffekt ist wichtig, sondern verlässlich wiederkehrende Zahlungen.

Entsprechende Informationen zur Dividendenhistorie finden Sie üblicherweise auf den Internetseiten der Konzerne im Bereich „Investor Relations". Dort können Sie sich ein Bild von den Zahlungen der letzten Jahre machen und überprüfen, ob es Lücken oder starke Schwankungen gegeben hat. Lassen Sie sich nicht täuschen, wenn die Rendite womöglich nicht ganz so hoch sein sollte. Sie sollten einen Effekt nicht unterschätzen: Die Renditeangabe bezieht sich ja auf den Preis, zu dem Sie die Aktien ursprünglich erworben haben. Wenn die Ausschüttung kontinuierlich steigt, erhöht sich dadurch natürlich auch Ihre persönliche Dividendenrendite.

EINE BESONDERE GRUPPE unter den Dividendenzahlern sind die sogenannten Dividendenaristokraten. Das sind Konzerne, die seit mindestens 25 Jahren ihre Dividende kontinuierlich erhöhen. Diese Unternehmen finden sich fast nur in den USA, wo die Dividendentradition ausgeprägter ist als in Deutschland. Manche Konzerne erhöhen sogar schon deutlich länger als 25 Jahre ihre Ausschüttungen an die Aktionäre – teils sogar schon seit mehr als einem halben Jahrhundert.

Dividenden-ETF und -Fonds

Gut zu wissen: Wenn Sie Ihrem Depot Dividendenaktien hinzufügen wollen, müssen Sie nicht mühsam Einzelwerte analysieren. Denn es gibt zahlreiche Fonds und ETF, über die Sie in Dividendenaktien investieren können. Achten Sie dabei auch auf einen breiten Länder- und Branchenmix. Passende ETF sind zum Beispiel:

FTSE All World High Dividend Yield: Rund 1 900 Werte sind in diesem Index vertreten. Die Unternehmen kommen vor allem aus der Bankenbranche, dem Energiesektor und dem Pharmabereich. Investieren können Sie auf diesen Index mit einem ETF von Vanguard (IE00B8GKDB10). Die Dividendenrendite liegt bei rund vier Prozent.

Stoxx Global Select Dividend 100: Dieser Index basiert auf dem Stoxx Global 1 800 Index. Die 100 Aktien mit der höchsten Dividendenrendite wurden für ihn ausgewählt. Die Dividendenrendite liegt im Bereich von etwa vier Prozent. ETF auf diesen Index bieten zum Beispiel iShares (DE000A0F5UH1) und Xtrackers (LU0292096186) an.

MSCI World High Dividend Yield: Die Dividendenrendite ist nicht das einzige Auswahlkriterium bei diesem Index. Auch ein Qualitätsfilter wird eingesetzt. Kombiniert mit ESG-Kriterien lässt sich über einen ETF von iShares in den Index investieren, der 170 Werte umfasst (IE00BYYHSQ67). Die Dividendenrendite liegt bei gut drei Prozent.

Erwarten Sie sich aber von Dividenden-ETF keine Performance-Wunder. Da in diesen Fonds nur Titel mit einer hohen Dividendenrendite enthalten sind, fehlen wachstumsstarke Aktien wie etwa aus dem Tech-Bereich. In den vergangenen Jahren entwickelten sich diese ETF daher schlechter als zum Beispiel der MSCI World. Im Finanztest-Fondsfinder (test.de/fonds, mit Flatrate kostenfrei) schneiden sie in der Kategorie „Anlageerfolg“ nur mäßig ab. Aber immerhin: Seit Anfang 2022 liefen Dividendenstrategien überdurchschnittlich gut. Wie gut ein Index nun Dividendenwerte aussucht, lässt sich allerdings wegen der Strategieänderungen, zusätzlicher Nachhaltigkeitsfilter und weiterer, neuer Qualitätsfilter kaum noch feststellen.

Wenn Sie lieber auf aktiv gemanagte Fonds setzen, haben Sie ebenfalls eine breite Auswahl. Einige Fonds überzeugen dabei auch mit ihrem Anlageerfolg. Fünf Sterne in der Finanztest-Bewertung erhalten in der Gruppe „Aktien Welt“ der Guinness Global Equity Income (IE00BGHQF631) und der JPMorgan Global Dividend (LU0329202252).

Der Guinness Global Equity Income umfasst 35 Werte. Die Dividendenrendite beträgt 2,4 Prozent. Das Fondsmanagement setzt nach eigenen Worten nicht so sehr auf Unternehmen, von denen es denkt, dass die Dividende in den nächsten Jahren deutlich wachsen wird.

Der JPMorgan Global Dividend ist eher techlastig. Der Technologie-Sektor kommt insgesamt auf einen Anteil von 14,7 Prozent. Mit einer Rendite von durchschnittlich 12,3 Prozent schlug der Fonds in den vergangenen fünf Jahren sogar den MSCI World.

Mit Geduld und Disziplin zum Erfolg

6

Aktien sind nicht nur etwas für Reiche. Auch mit wenig Geld lässt sich ein Vermögen aufbauen. Die Voraussetzung: konsequentes Sparen, Durchhaltevermögen und ein möglichst langer Anlagezeitraum.

Schon mit kleinen Summen lässt sich Großes erreichen

Über einen Sparplan können Sie Monat für Monat einfach und unkompliziert an der Börse investieren. Er ist schnell eingerichtet und bietet viele Vorteile.

An der Börse wird man normalerweise nicht schnell reich. Man kann aber schnell arm werden, das ist ohne Weiteres möglich und passiert oft beim Versuch, schnell reich zu werden. Denn dann setzt man leicht auf zu riskante Aktien. Der beste Weg, um Vermögen aufzubauen, ist es, geduldig und diszipliniert zu sein. Geldanlage ist ein Marathon, kein Sprint.

Schon aus kleinen Beträgen kann mit der Zeit eine große Summe werden, wenn man dranbleibt und sich nicht beirren lässt. Sie kennen vielleicht das Sprichwort „Steter Tropfen höhlt den Stein". Genauso ist es an der Börse. Nur höhlt hier der stete „Geldtropfen" kein Loch. Im Gegenteil: Er lässt Ihr Vermögen eher wie einen Stalagmiten in einer Tropfsteinhöhle emporwachsen.

Wichtig dabei: Auch an der Börse ist Zeit Geld. Je früher Sie beginnen zu investieren, desto eher kann Ihr Vermögen anfangen zu wachsen. „Zeit ist die größte Macht bei der Geldanlage", schreibt der Finanzexperte Morgan Housel in seinem Buch „Über die Psychologie des Geldes". „Sie lässt kleine Dinge groß werden und große Fehler verblassen." Wer als Investor besser abschneiden wolle, solle am besten seinen Zeithorizont verlängern.

Immer noch glauben viele Menschen, dass man viel Geld braucht, um in Aktien investieren zu können. Doch das ist ein Irrtum: Schon mit kleinen Summen kann man an der Börse starten und die Basis für späteres Vermögen legen. Der Schlüssel dafür sind Sparpläne. Sparpläne ermöglichen es Ihnen, auch mit wenig Geld in Aktien, Fonds und ETF zu investieren. Die Auswahl ist inzwischen riesig. Bei Sparplänen kaufen Sie regelmäßig für eine von Ihnen festgelegte Summe ausgewählte Wertpapiere. Dabei können Sie auch

WIE AUS KLEINEN SUMMEN GROSSES GELD WIRD

Die Rendite im weltweiten Aktienmarkt lag in den vergangenen Jahren im Schnitt bei rund sieben Prozent. Bei dieser Verzinsung werden selbst kleine Beträge, die Sie jeden Monat einzahlen, über die Jahre zu stattlichen Summen. Nicht berücksichtigt sind dabei Kosten und Steuern.

Monatsrate	10 Jahre	15 Jahre	20 Jahre	25 Jahre	30 Jahre
25 €	4302 €	7824 €	12764 €	19694 €	29412 €
50 €	8604 €	15649 €	25529 €	39388 €	58825 €
75 €	12906 €	23473 €	38294 €	59082 €	88238 €
100 €	17208 €	31298 €	51059 €	78776 €	117650 €
150 €	25812 €	46974 €	76589 €	118165 €	176476 €
200 €	34416 €	62596 €	102119 €	157553 €	235301 €
250 €	43020 €	78245 €	127649 €	196941 €	294127 €
300 €	51625 €	93894 €	153179 €	236330 €	352952 €

Quelle: eigene Berechnungen

Anteile erwerben, wenn der Titel mehr kostet, als Sie sparen. Es gibt Banken, die ETF-Sparpläne schon ab einem Euro anbieten. In den meisten Fällen liegt die Untergrenze aber bei 25 oder 50 Euro.

Unter test.de/etf-sparplan (mit Flatrate kostenfrei) finden Sie eine interaktive Tabelle und aktuelle ETF-Sparplankonditionen verschiedener Banken und Broker. Teilweise bieten sie sogar kostenlose Sparpläne an.

Vorteile eines Sparplans

Das Schöne an einem Sparplan ist: Einmal angelegt, müssen Sie sich praktisch um nichts mehr kümmern. Und wenn Sie bereits ein Wertpapierdepot haben, ist ein Sparplan in wenigen Schritten eingerichtet.

1 **WÄHLEN SIE** das zu besparende Wertpapier aus, zum Beispiel aus der Auswahl von Finanztest empfohlener ETF im Anhang.

2 **LEGEN SIE** eine Summe fest, die Sie regelmäßig in ihren Sparplan einzahlen wollen und können.

3 **BESTIMMEN SIE** den Anlagerhythmus – zum Beispiel eine monatliche Einzahlung oder ein anderes regelmäßiges Intervall.

Ein Sparplan hat einen ganz entscheidenden psychologischen Vorteil: Das Geld fließt automatisch von Ihrem Konto in den Sparplan und Sie geraten gar nicht erst in Versuchung, es für ein weiteres Paar Schuhe oder Ähnliches auszugeben. Ist der Sparplan einmal eingerichtet, müssen Sie sich nicht immer wieder aufs Neue zum Sparen überwinden – Sparpläne fördern also die Selbstdisziplin.

Haben Sie keine Angst: Ein Sparplan verpflichtet Sie zu nichts. Sparpläne haben keine Mindestdauer oder ähnliche „Haken". Sie sind außerdem sehr flexibel. Sie können die Anlagesumme jederzeit erhöhen, senken oder sogar aussetzen – je nachdem, wie es Ihre Finanzen erlauben. Auch größere Summen können Sie in aller Regel als Einmalzahlung einzahlen, etwa den Jahresbonus oder das Weihnachtsgeld. Und Sie können sogar Ihre Anteile verkaufen, wenn die Not ganz groß sein sollte.

Das Aussetzen eines Sparplans oder die Entnahme von Geld sollten aber die Ausnahme sein. Damit Sie auch tatsächlich Vermögen aufbauen, sollte Ihr Ziel sein, die Summe konstant zu halten oder sie sogar jedes Jahr tendenziell zu erhöhen. Das ist zum einem wichtig, um die Inflation auszugleichen, aber natürlich auch, damit Sie beim Vermögensaufbau vorankommen. Schon kleine Steigerungen können über die Jahre in der Endabrechnung einen großen Unterschied machen. Bei einer Rendite von sieben Prozent werden aus einer Sparsumme von 25 Euro im Monat nach 20 Jahren 12 764 Euro. Schaffen Sie es, 30 Euro zurückzulegen, können Sie sich auf 15 318 Euro freuen. Das ist also ein Plus von 2 554 Euro. In Summe haben Sie aber nur 1 200 Euro mehr eingezahlt, für die anderen gut 1 300 Euro Zuwachs hat die Wertsteigerung gesorgt.

Neben der vorhin beschriebenen Selbstdisziplinierung hat der Sparplan noch einen weiteren Vorteil. Sie umgehen mit den regelmäßigen Einzahlungen eine große Falle bei der Geldanlage an der Börse: Sie kommen nicht in Versuchung, den Markt timen zu wollen, also in bestimmten Zeiten zu investieren und in anderen nicht. Man findet nämlich immer Gründe, die gegen eine Investition zum aktuellen Zeitpunkt sprechen. Mal scheinen Aktien zu teuer, mal sind die Aussichten zu unsicher, ein Crash scheint nah … Bei vielen Anlegern führt der Versuch, den richtigen Einstiegszeitpunkt zu finden, dazu, dass sie zögern und zaudern und immer an der Seitenlinie bleiben. Dann können sie steigenden Kursen nur noch hinterhersehen.

„TIME IN THE MARKET BEATS TIMING THE MARKET“, heißt es oft: Die Zeit, die man investiert, ist wichtiger, als den richtigen Zeitpunkt zu erwischen. Den passenden Moment zu treffen ist ohnehin Zufall, weil die Kurse kurzfristig nicht prognostizierbar sind. Das aktuelle Börsengeschehen verliert jedoch an Bedeutung, wenn Sie über viele Jahre einen konstanten Betrag über einen Sparplan investieren. Schwankungen nivellieren sich über die Zeit. Selbst ein Crash verliert seinen Schrecken.

Der Cost-Average-Effekt als psychologischer Trick

Natürlich treffen Sie auch die Rückschläge, wenn es nach unten geht. Hier ist dann Disziplin gefragt. In Phasen mit fallenden Kursen fällt es oft schwer, der eigenen Sparstrategie treu zu bleiben. Schnell ist man versucht, die Raten auszusetzen oder alles zu verkaufen, bevor es noch weiter an Wert verliert. Das jedoch wäre ein großer Fehler. Gerade wenn die Kurse unten sind, lohnt es sich, weiter zu kaufen. Sie bekommen dann nämlich für die gleiche Sparsumme mehr Anteile. Man spricht hier auch vom Cost-Average-Effekt oder zu Deutsch: Durchschnittskosteneffekt. Mit ihm verlieren Schwankungen an den Börsen an Bedeutung – nach oben wie nach unten. Ein Beispiel soll das verdeutlichen:

Angenommen, Sie besparen für 100 Euro Ihren Wunsch-ETF. In Monat eins kostet der ETF 50 Euro. Sie erwerben zwei Anteile. In Monat zwei steigt der Preis auf 75 Euro. Für Ihre 100 Euro wandern also nur noch rund 1,3 Anteile ins Depot. Dann fällt der Kurs auf 25 Euro. Wieder fließen 100 Euro in den Sparplan. Dafür gibt es nun vier Anteile. Im Gesamtergebnis haben Sie also in den drei Monaten 300 Euro investiert und dafür 7,3 Anteile an Ihrem Wunsch-ETF gekauft. Im Schnitt haben Sie dafür rund 41 Euro bezahlt.

Sie erwerben also für Ihre Sparsumme weniger, wenn die Kurse hoch sind. Fallen die Kurse, wandern dafür mehr Papiere in Ihr Depot. Am Ende haben Sie nicht zum besten, aber auch nicht zum schlechtesten Kurs gekauft. Ärgern Sie sich also nicht über Kursrückgänge, sondern sehen Sie sie als Chance!

Einmalzahlung oder Sparplan?

Missverstehen Sie den Cost-Average-Effekt allerdings nicht als besonderen Renditeturbo. Teilweise wird in der Werbung und Verkaufsprospekten suggeriert, dass Sparpläne wegen dieses Effekts einer Einmalinvestition überlegen sind. Dem ist aber nicht so, wie Sie gleich erfahren werden. Oft hat man zwar nicht die Wahl, sondern kann nur das sparen, was im Monat übrig bleibt. Ist aber eine größere Summe vorhanden, schlägt die Einmalzahlung unterm Strich den Sparplan.

Warum das so ist, zeigt ein kleines Gedankenexperiment: Angenommen, eine Anlegerin möchte 100 000 Euro für 20 Jahre anlegen. Sie hat die Wahl: Alles sofort investieren oder jeden Monat 416,67 Euro anlegen und somit die Summe über die gesamten 20 Jahre (240 Monate) strecken. Rein intuitiv kann man das Ergebnis schon ahnen: Im ersten Fall arbeitet die volle Summe von 100 000 Euro für die Anlegerin über die gesamte Zeit. Im zweiten Fall liegt die Summe, auf die die maximale Zeit entfällt, dagegen nur bei 416,67 Euro. Der letzte Sparbetrag wird nur einen Monat für die Anlegerin arbeiten. Vereinfacht ausgedrückt vermehren sich in dieser Variante die 100 000 Euro im Schnitt nur zehn Jahre und nicht 20 Jahre. Entsprechend kann die Anlegerin auch nur eine Aktienrendite über zehn Jahre erwarten. (Auch wenn der noch nicht angelegte Betrag verzinst wird, ändert das nichts an der Kernaussage, solange der Zins nicht über der langjährigen Aktienmarktrendite liegt.)

So weit die Theorie. Aber wie sieht es in der Praxis aus? Wie wirken sich Markteinbrüche und Phasen steigender Kurse auf das Ergebnis aus? Zwar ist die Entwicklung zum Zeitpunkt der Investition nicht vorhersehbar, aber klar ist: Wenn die Kurse am Tag nach dem Kauf in den Keller rauschen, ist man natürlich besser dran, wenn man nach und nach investiert, anstatt mit der ganzen Summe auf einmal einzusteigen. Denn dann trifft der Einbruch nur einen kleinen Teil des Vermögens. Umgekehrt sieht es aus, wenn der Markt steigt: Der Einmalanleger nimmt die Kurserholung zu 100 Prozent mit. Der Stückler profitiert jedoch nur mit einem kleinen Teil seiner Anlage und kauft dann in den steigenden Markt hinein nach.

Wir haben also nachgerechnet. Für unsere Analyse haben wir anhand historischer Daten ab 1990 die Rendite einer Investition von 100 000 Euro in den MSCI World als Einmalzahlung mit der Rendite bei einer Streckung der Summe über vier Monate, 36 Monate (drei Jahre) und 120 Monate (zehn Jahre) verglichen. Der Anlagehorizont beträgt 20 Jahre.

Das Ergebnis sehen Sie in der Tabelle. Der Einmalanleger kommt auf die höchste Rendite. Im besten Fall wächst sein Vermögen auf rund 2,2 Millionen Euro (Rendite p. a. 16,6 Prozent). Im schlechtesten Fall muss er sich mit etwas mehr als 182 000 Euro zufriedengeben (Rendite p. a. 3,1 Prozent). Mit der Einzahldauer wächst der Minimumbetrag, da die Folgen von Kurseinbrüchen geglättet werden. Sie wirken sich nur auf einen kleinen Teil der Investition aus. Aus dem gleichen Grund ist aber auch der Höchstbetrag kleiner. Ein sehr langer Einzahlzeitraum schneidet in der Realität noch schlechter ab als vermutet: Floss das Geld über einen Zeitraum von zehn Jahren in

EINMALZAHLUNG MIT VORTEILEN

So entwickeln sich 100 000 Euro. In aller Regel ist es lukrativer, eine Summe als Einmalbetrag zu investieren. Es ist aber auch etwas riskanter, wie man am Minimumbetrag sehen kann. Simuliert wurde jeden Monat eine 20-jährige Anlagedauer, beginnend am 31.12.1969, letzte Anlageperiode 09/2002 bis 08/2022.

Rendite p.a.	Einmal-anlage	4 Monate	6 Monate	12 Monate	36 Monate (3 Jahre)	72 Monate (6 Jahre)	120 Monate (10 Jahre)
Minimum	3,1%	3,1%	3,0%	3,0%	3,5%	3,2%	2,4%
Durch-schnitt	9,5%	9,5%	9,5%	9,3%	8,9%	8,1%	7,3%
Maximum	16,6%	16,4%	16,2%	15,7%	14,5%	13,0%	11,6%

Quelle: Refinitiv, eigene Berechnungen, am Beispiel des MSCI World Index ohne Kosten

den Markt, waren sowohl der Maximalbetrag als auch der Minimalbetrag kleiner – zumindest über den zurückgerechneten Zeitraum.

Psychologisch dürfte es jedoch für viele Anleger einfacher sein, in Tranchen zu investieren. Denn es ist äußerst schmerzhaft, wenn kurz nach dem Aktienkauf der Markt abstürzt oder deutlich verliert. Der eine oder andere macht da vielleicht schnell einen Rückzieher, verkauft mit Verlust und überdenkt noch einmal seine Börsenpläne. Wer nur einen Teil investiert hat, kann sich damit trösten, dass nicht die gesamte Summe vom Kursrückgang betroffen ist und man ja noch Reserven hat, um zu niedrigeren Preisen nachkaufen zu können.

Die Macht des Zinseszinseffekts

Ob als Sparplan oder Einmalanlage: Es kommt auf einen langen Anlagehorizont an – nicht nur, weil die Kurse an der Börse schwanken und man Einbrüche aussitzen können muss. Noch aus einem zweiten Grund ist ein langer Anlagehorizont wichtig. Beim Vermögensaufbau haben Sie nämlich einen sehr mächtigen Verbündeten an Ihrer Seite: den Zinseszinseffekt. Er sorgt dafür, dass sich Ihr Geld mit der Zeit immer stärker vermehrt. Albert Einstein soll ihn das „achte Weltwunder" genannt haben und die „stärkste Kraft im Universum".

Ein kleines Beispiel verdeutlicht den Effekt. Stellen Sie sich vor, jemand würde Sie fragen, was Sie lieber hätten: eine Million Euro sofort oder einen Cent, der sich einen Monat lang jeden Tag verdoppelt? Intuitiv würde man bestimmt die eine Million Euro nehmen. Doch das wäre ein Fehler. Am Anfang geht es nur sehr langsam, von einem Cent auf zwei Cent, von zwei Cent auf vier Cent und so weiter. Nach 14 Tagen sind es immerhin schon gut 80 Euro, also auch noch nicht besonders viel. Aber dann geht es los! Nach drei Wochen beträgt die Summe schon gut 10 000 Euro, und an Tag 31 sind es fast unglaubliche 11 Millionen Euro.

Das ist natürlich ein besonders extremes Beispiel. Aber auch in Ihrer Geldanlage können Sie die Wirkung des Zinseszinseffekts sehen. Angenommen, Sie haben 1 000 Euro investiert. Im ersten Jahr liegt die Rendite bei 6,7 Prozent. Ihr Vermögen wächst also von 1 000 Euro auf 1067 Euro. Im folgenden Jahr geht es an den Märkten weiter nach oben. Die Rendite liegt bei 7,5 Prozent. Diese 7,5 Prozent vermehren nun nicht nur Ihr Anfangskapital von 1 000 Euro, sondern auch noch den Zuwachs von 67 Euro aus dem ersten Jahr.

IMMER SCHNELLER NACH OBEN

Weil für den Zinseszinseffekt das sich vermehrende Vermögen und nicht nur die Anfangssumme die Basis ist, wächst es immer schneller. Die y-Achse zeigt die Summe in Euro, die x-Achse die Anlagedauer in Jahren.

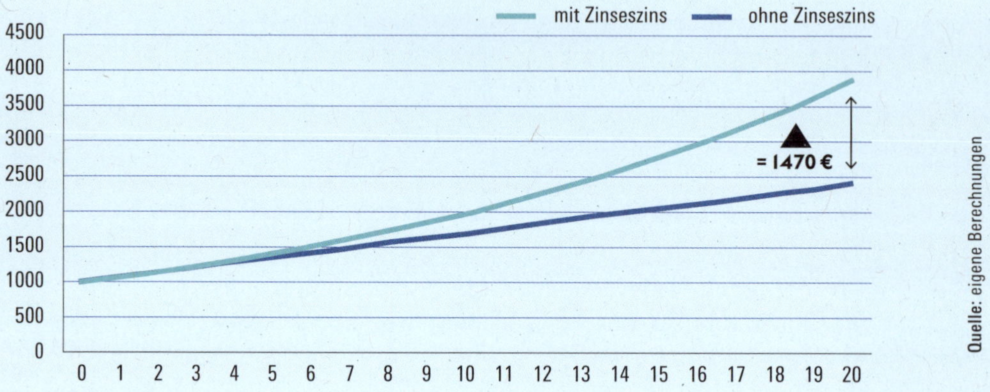

Sie haben also anschließend ein Vermögen von insgesamt 1 147 Euro. Im dritten Anlagejahr wirkt die dann erzielte Rendite wiederum auf die ursprünglichen 1 000 Euro, auf die gewonnenen 67 Euro aus dem ersten Jahr und die gewonnenen 80 Euro aus dem zweiten Jahr. Nun sind es also schon 147 Euro, die sich zusätzlich vermehren. Ohne diesen Zinseszinseffekt, also wenn sich immer nur Ihre ursprünglich investierte Summe vermehren würde, hätten Sie nach zwei Jahren nur 1 142 Euro.

Wohin das langfristig führt, zeigt eine Beispielrechnung mit einer unterstellten Rendite von sieben Prozent pro Jahr. Bei einen Startguthaben von 1 000 Euro beträgt die Differenz nach 20 Jahren zwischen einer Anlage ohne und einer mit Zinseszinseffekt fast 1 500 Euro (siehe Grafik).

Auf kurze Sicht ist der Effekt kaum bemerkbar. Wie Sie an dem Cent-Beispiel gesehen haben, entfaltet der Zinseszinseffekt seine Kraft mit der Zeit. Ihr Vermögen wächst nicht linear, sondern exponentiell. Für Ihren Anlageerfolg ist also neben der Rendite eine lange Laufzeit ein entscheidender Faktor. Je früher Sie anfangen, desto stärker arbeitet der Zinseszinseffekt für Sie.

Kosten im Blick machen den Kick

7

Je weniger Gebühren, desto mehr können Sie investieren. Achten Sie auf die Kosten Ihrer Geldanlage! Schon geringe Mehrkosten schmälern die Rendite beträchtlich.

Vergleichen ist der einfachste Weg zu mehr Rendite

Die Kostenkontrolle bei der Geldanlage beginnt bei der Wahl des Depots und geht beim Kauf von Aktien, Fonds und ETF weiter. Dabei gibt es einiges zu beachten.

Geld anzulegen kostet leider Geld. Kosten und Gebühren begegnen Ihnen an vielen Stellen, wenn Sie an der Börse investieren wollen: Für den Kauf und Verkauf von Wertpapieren werden Transaktionskosten fällig. Börsen verlangen eine Handelsplatzgebühr. Banken und Broker lassen sich über Depotgebühren ihre Dienste bezahlen. Und wenn Sie Fonds und ETF kaufen, kommen noch zusätzliche laufende Kosten dazu.

Die gute Nachricht: Wie sehr das alles Ihre Rendite schmälert, haben Sie selbst in der Hand. Mit Vergleichen und mit der Wahl Ihrer Anlagestrategie können Sie sparen.

Sparen mit dem richtigen Depot

Es beginnt bei der Wahl des Wertpapierdepots. Durch einen simplen Depotwechsel lässt sich unter Umständen ein dreistelliger Betrag im Jahr sparen. Außerdem locken die Anbieter Neukunden mit Prämien. Das kann zum Beispiel eine Bargutschrift sein oder ein Kontingent kostenloser Orderausführungen. Die Prämie sollte bei der Entscheidung aber nicht im Vordergrund stehen – die für Sie passenden Konditionen sollten den Ausschlag geben.

Ein Depotwechsel ist denkbar einfach. Der neue Depotanbieter kümmert sich um die Abwicklung. Dafür müssen Sie nur einen Antrag auf Depotübertrag stellen. Der neue Anbieter sorgt dann dafür, dass Ihre Wertpapiere korrekt umziehen. Auch die Guthaben vom Verrechnungskonto wandern mit. Diese Wechselphase kann jedoch einige Tage dauern. In dieser Zeit kommen Sie an die Wertpapiere nicht heran.

Unter test.de/depotkosten (mit Flatrate kostenfrei) finden Sie einen aktuellen Depotvergleich und können mit einem Kalkulationstool unter den geprüften Angeboten das Onlinedepot finden, das für Ihre individuellen Ansprüche am günstigsten ist.

Ganz wichtig: Sie sind bei der Wahl Ihres Wertpapierdepots frei. Sie müssen es nicht dort eröffnen, wo Sie auch Ihr Girokonto haben. Sie können sich Ihren Depotanbieter völlig unabhängig von Ihrer Hausbank aussuchen. Per Dauerauftrag oder Einmalzahlung können Sie Geld auf das zum Depot gehörende Verrechnungskonto überweisen und es dann investieren. Sparpläne können Sie in vielen Fällen auch direkt von Ihrem Konto abbuchen lassen.

Sparen können Sie auch beim Aktienhandel. Sehr häufig wird für Orders ein fixer Betrag fällig. Das heißt für Sie, dass Ihr Ordervolumen nicht zu klein sein sollte. Sonst fallen die Kosten zu sehr ins Gewicht. Ein Beispiel macht das deutlich: Ihre Wunschaktie kostet 52 Euro, und Ihr Anbieter erhebt eine Ordergebühr von 4,50 Euro. Wenn Sie nur zwei Aktien kaufen, also 104 Euro ausgeben, entspricht das rund 4,3 Prozent. Kaufen Sie hingegen 25 Aktien für insgesamt 1 300 Euro, fällt die Ordergebühr nur mit rund 0,35 Prozent ins Gewicht. Nach einem kleinen Kursanstieg ist sie also wieder reingeholt. Aber auch prozentuale Gebühren können zu Buche schlagen, weil sie oft mit einer Mindestgebühr verbunden sind.

Interessant ist allerdings das Angebot der Neo- oder Smartphonebroker. Sie bieten Aktienhandel zu sehr niedrigen Kosten an, teilweise unter bestimmten Bedingungen sogar kostenlos. Sie sind somit ideal für Kleinstaktionäre, weil sich auch mit kleinen Beträgen ein breit gestreutes Depot aufbauen lässt. Zwar können Anlegerinnen und Anleger bei Smartphonebrokern nur aus einer begrenzten Zahl an Handelsplätzen wählen. Das Angebot an Wertpapieren ist daher bei diesen Brokern geringer als bei vielen Direktbanken. Für die meisten Anlegerinnen und Anleger dürfte es aber ausreichen, und der Handel funktionierte in unserem Test vom November 2022 mit vier ausgewählten Neobrokern über Monate weitestgehend reibungslos. Die geringen Handelskosten haben jedoch auch einen Nachteil: Dass es nur wenig kostet, sein Depot fortwährend umzuschichten, kann leicht zum Zocken verleiten.

Zu den Orderkosten kommt noch die Handelsplatzgebühr hinzu, die bei jedem Kauf und Verkauf fällig wird. Die Gebührenmodelle unterscheiden sich je nach Börse. Es gibt Fixkosten und anteilige Kosten, manchmal auch eine Kombination aus beidem. Auch bei der Wahl des Handelsplatzes können Sie mit ein bisschen Recherche und durch Vergleichen also sparen.

Wegen dieser zwei Komponenten, der Ordergebühr und der Handelsplatzgebühr, sollten Sie mit Bedacht handeln, um zum Beispiel mit Anpassungen des Depots auf kurzfristige Entwicklungen an der Börse zu reagieren. Zu häufiges Umschichten ist ein Fehler, den Finanzwissenschaftler oft bei Privatanlegern beobachten. Denn jede Transaktion ist mit Kosten verbunden, die die Rendite schmälern.

„HIN UND HER MACHT TASCHEN LEER", bringt es eine Börsenweisheit auf den Punkt. Sie hat sich etwas relativiert, da die Handelskosten bei Neobrokern beziehungsweise Smartphonebrokern deutlich geringer sind. Die Kernaussage, dass häufiges Handeln kein deutlich besseres Ergebnis bringt, hat aber ihre Gültigkeit behalten. Auch mit einen Buy-and-hold-Ansatz lässt sich eine gute Rendite erzielen – bei deutlich weniger Stress und Aufwand.

Sparen bei Fonds und ETF

Wenn Sie Aktien erwerben, entstehen nach den Kaufkosten in der Regel keine weiteren Aufwendungen. Sie zahlen die Gebühren für die Order und den Handelsplatz und haben danach die Aktien in Ihrem Depot, das kostenlos sein sollte. Weitere Kosten fallen dann nicht an. Anders ist es bei aktiv gemanagten Fonds und ETF. Hier werden den Fonds noch laufende Gebühren entnommen.

Der grundsätzliche Unterschied zwischen den beiden: Bei aktiven Fonds gibt es einen Fondsmanager, der mit seinem Team die passenden Aktien aussucht. Mit der richtigen Auswahl kann es ihm gelingen, den breiten Markt zu schlagen und eine Überrendite zu erzielen. ETF dagegen sind passiv. Sie bilden einfach nur einen Index nach. Sie gewinnen und verlieren genauso viel wie der Index: Steigt der Index um ein Prozent, geht es auch für den ETF um ein Prozent nach oben. Fällt der Index um ein Prozent, verliert auch der ETF um ein Prozent an Wert. In „ETF und Fonds sind Deine Chance" ab Seite

35 erfahren Sie mehr über die Unterschiede und die Vor- und Nachteile zwischen gemanagten Fonds und ETF.

Durch diesen unterschiedlichen Ansatz unterscheiden sich aktive Fonds und ETF auch erheblich in ihren Gebühren. Bei ETF müssen keine Manager und Analysten bezahlt werden, auch Vertriebsprovisionen sind nicht vorgesehen. Daher sind ETF sehr günstig. Die laufenden Kosten bewegen sich im Bereich von ein paar Zehntelprozentpunkten. Und Sie können bei ETF noch mehr sparen: Häufig bieten verschiedene Emittenten einen ETF auf denselben Index an. Hier können Sie dann die Kosten vergleichen. Ein komisches Gefühl brauchen Sie nicht zu haben, wenn Sie den günstigsten wählen. ETF zählen zum Sondervermögen. Bei einer Pleite sind die angelegten Gelder dadurch geschützt. Ihr Geld ist also beim günstigen Anbieter genauso sicher wie beim teuersten. Achten Sie bei der Auswahl aber nicht nur auf die Gebühren! Auch alle anderen Faktoren müssen passen. Dazu gehört insbesondere die Verwendung der Dividende: Bei thesaurierenden ETF wird sie wieder reinvestiert, bei ausschüttenden ETF wird sie auf das Konto des Anlegers überwiesen. Für beide Seiten gibt es Argumente (siehe ab Seite 43).

Bei aktiv gemanagten Fonds hingegen sind die laufenden Kosten deutlich höher (siehe Grafik auf Seite 84). Üblich sind ein bis zwei Prozent. Der ganze Apparat drumherum muss schließlich finanziert werden, die Analysesysteme, Kosten für Werbung und natürlich die Gehälter des Fondsmanagements. In den laufenden Kosten sind außerdem Depotbankgebühren für die Verwahrung der Titel im Fonds enthalten. Transaktionskosten schmälern ebenfalls die Rendite. Das sind die Kosten, die beim Kauf und Verkauf von Aktien für den Fonds entstehen. Je nach Handelsintensität des Fondsmanagers kann da einiges zusammenkommen. Je mehr er umschichtet und Aktien kauft und verkauft, desto höher fallen diese Handelskosten aus.

Besonders ärgerlich ist die Bestandsprovision. Sie ist ebenfalls Teil der laufenden Kosten. Diese Provision fließt an den Vertrieb, also an Vermittler und Banken, die den Fonds verkauft haben. Der Anleger bezahlt so theoretisch die Anlageberatung bei seiner Bank. Allerdings wird die Bestandsprovision auch in dem Fall berechnet, wenn der Anleger sich den Fonds selbst – ganz ohne Bankberatung – ausgesucht hat.

KOSTEN BEI FONDS

Diese Kosten können einmalig oder regelmäßig direkt beim Anleger und auf Fondsebene entstehen.

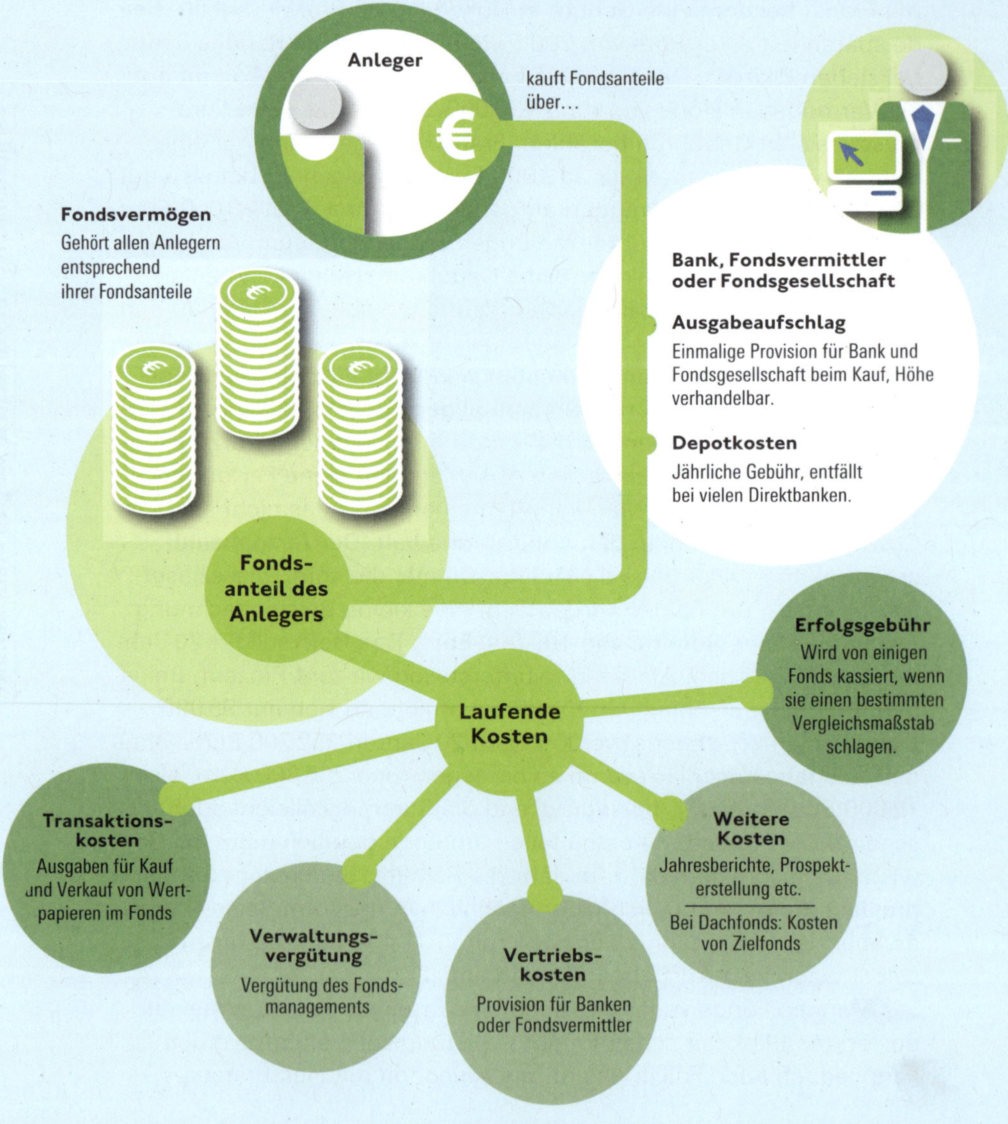

Schon kleine Unterschiede senken die Rendite erheblich

Welche Auswirkungen selbst kleine Unterschiede mit der Zeit haben, verdeutlichen zwei Beispielrechnungen (siehe dazu auch die Grafik auf Seite 86). Dabei vergleichen wir einmal Anna, die für ihr Anlageprodukt eine jährliche Gebühr von 0,3 Prozent zahlen muss, mit Frank, bei dem eine Gebühr in Höhe von 1,8 Prozent anfällt. Beide sparen mit einer Rate von 200 Euro im Monat. Die Rendite liegt bei sieben Prozent. Das Ergebnis nach 25 Jahren: Anna kommt auf ein Vermögen in Höhe von rund 150 000 Euro. Rund 7 300 Euro musste sie an Gebühren bezahlen. Frank hingegen kann nur eine Summe von etwas mehr als 119 000 Euro vorweisen. Er hat also gut 20 Prozent weniger Vermögen aufgebaut als Anna. Fast 38 000 Euro sind ihm durch die Gebührenzahlungen entgangen. Zum Vergleich: Müssten Anna und Frank gar keine Gebühren zahlen, könnten sie sich am Ende der Sparzeit über ein Vermögen von über 157 000 Euro freuen.

Und die hohen laufenden Kosten sind nicht alles. In aller Regel wird beim Kauf eines Fonds ein einmaliger Ausgabeaufschlag fällig, der in den meisten Fällen bei drei bis fünf Prozent liegt. Kurzfristig heißt das, dass der Fonds diesen Abschlag über seine Performance wieder aufholen muss. Man könnte meinen, dass das nicht sehr ins Gewicht fällt, wenn man den Fonds lange hält. Der Ausgabeaufschlag mindert allerdings die Anlagesumme, die vom Zinseszinseffekt profitiert. Die Folgen verdeutlicht eine kleine Beispielrechnung: Es geht um eine Summe von 100 000 Euro. Das Geld soll für 20 Jahre angelegt werden. Als Rendite unterstellen wir fünf Prozent. Bei einem Ausgabeaufschlag von fünf Prozent können sich nur 95 000 Euro vermehren. Daraus werden nach 20 Jahren 252 700 Euro. Ohne den Ausgabeaufschlag wären es hingegen rund 265 300 Euro, also 12 600 Euro mehr. So beeindruckend die Summe vielleicht auch scheint: Die laufenden Kosten fallen am Ende deutlich mehr ins Gewicht. Sie schmälern Jahr für Jahr die Rendite. Ein Prozent Gebühr pro Jahr klingt womöglich nicht nach viel. In unserem Beispiel würde aber das Endergebnis nur noch rund 217 400 Euro betragen – selbst wenn kein Ausgabeaufschlag anfiel.

Manche Fonds verlangen auch eine Erfolgsprovision. Was auf den ersten Blick fair scheint – gute Leistung soll belohnt werden –, kann jedoch auch Fallstricke für die Anlegerin mit sich bringen.

WIE KOSTEN DIE RENDITE SCHMÄLERN

Bei einer Rendite von sieben Prozent werden aus einer Sparrate von 200 Euro im Monat nach 25 Jahren rund 157 000 Euro (links). Fallen Gebühren in Höhe von 0,3 Prozent an, sind es nur knapp 150 000 Euro (Mitte). Liegen die Gebühren gar bei 1,8 Prozent, kommen nur etwas mehr als 119 000 Euro zusammen (rechts).

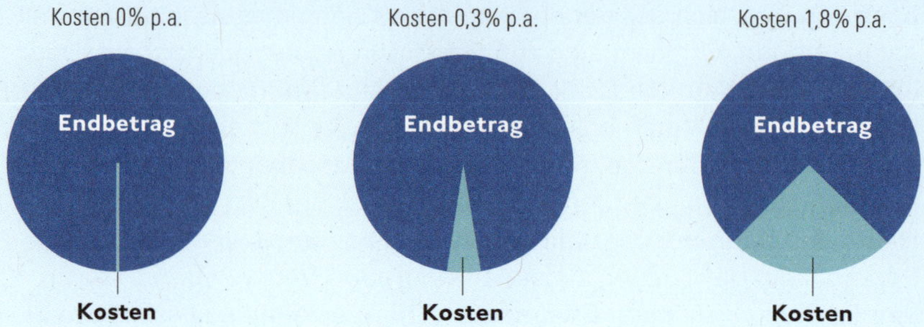

Quelle: eigene Berechnungen

Zu oft wird die Erfolgsprovision aber zusätzlich zu schon stattlichen Verwaltungsgebühren fällig.

Hier gilt es, genau in die Bedingungen zu schauen: Woran ist die Provision geknüpft? Ganz grundsätzlich kann man auch die Frage stellen, ob solche Erfolgsprovisionen nicht Fondsmanager dazu verleiten, zu hohe Risiken einzugehen, und es dadurch zu einem Interessenskonflikt kommen kann. Denn bei einer Overperformance hat der Fondsmanager viel zu gewinnen. Gehen seine Wetten aber nicht auf, drohen ihm keine Einbußen.

Um all diese Kostennachteile auszugleichen, bräuchten aktive Fonds eine deutlich bessere Rendite als ETF. Doch zahlreiche Auswertungen zeigen, dass es praktisch kaum ein Fondsmanager schafft, seinen Vergleichsindex mehrere Jahre hintereinander zu schlagen. Hin und wieder klappt es, aber so gut wie nie über einen längeren Zeitraum. Selbst wenn Sie in den Fonds mit dem besten Fondsmanager der Vorjahre investieren, ist die Chance groß, dass Sie später enttäuscht sein werden.

Fonds günstiger kaufen

Wenn Sie dennoch lieber in gemanagte Fonds investieren wollen, dann haben Sie immerhin die Möglichkeit, ein bisschen bei den Kosten zu sparen. Vor allem beim Ausgabeaufschlag lässt sich oft etwas machen. In der Regel kaufen Sie Fondsanteile über Vertriebspartner direkt von der Fondsgesellschaft. Der Ausgabeaufschlag ist dabei nur ein unverbindlicher Vorschlag. Kaufen Sie den Fonds über Ihre Hausbank, lohnt es sich deswegen, wegen des Ausgabeaufschlags einmal nachzufragen. Oft lässt sich zumindest ein Rabatt aushandeln. Denn immerhin verdient die Bank an dem Verkauf langfristig über die Bestandsprovision. Auch wenn Ihr Vermögensverwalter für Sie einen Fonds kauft, sparen Sie in der Regel den Ausgabeaufschlag.

Manche Fonds werden auch direkt über die Börse gehandelt. Hier fallen dann nur die üblichen Kaufkosten an. Jedoch ist der Spread, also die Spanne zwischen Kauf- und Verkaufspreis, häufig deutlich höher als beim Erwerb von ETF oder Aktien. Dieser Spread ist ein Teil der Kosten. Er ist eine der Gebühren, die für den Handel fällig werden, und kann bei Fonds durchaus zwischen ein und zwei Prozent liegen. Zum Vergleich: Bei manchen ETF liegt der Spread nur bei 0,1 Prozent. Wir empfehlen – wie bei Aktien auch –, ein Limit zu setzen, damit Ihre Order nicht zu weit vom letzten Kurs ausgeführt wird. In aller Regel lässt sich aber so unterm Strich einiges sparen.

Ein anderer Weg kann sein, den Wunschfonds über einen sogenannten Fondsshop im Internet, auch Fondsvermittler genannt, zu kaufen. Manche sind schon seit Jahrzehnten am Markt, aber gerade in den vergangenen Jahren sind viele neue Anbieter dazugekommen.

Bei Fondsshops können Sie viele Fonds zum Nulltarif ohne Ausgabeaufschlag kaufen. Die Anbieter verzichten darauf, weil ihr Geschäftsmodell ein anderes ist: Ihre Einnahmequelle ist die Bestandsprovision. Auch ein Fondssparplan aus vermögenswirksamen Leistungen lässt sich bei vielen Fondsshops abbilden.

BEI FONDSSHOPS und manchmal auch bei Direktbanken lassen sich eventuell sogar Fondstranchen kaufen, die eigentlich nur für institutionelle Investoren vorgesehen sind. Diese Tranchen haben niedrigere Verwaltungskosten und keine oder eine geringere Vertriebsprovision als die Angebote für Privatinvestoren.

Um ihren Service anbieten zu können, kooperieren Fondsshops mit Fondsbanken. Diese übernehmen die Verwaltung der Fondsanteile. Die Depoteröffnung funktioniert genauso, wie man es von einer Direktbank kennt. Für das Depot wird eine Gebühr fällig, meistens zwischen 25 und 50 Euro im Jahr. Die Fondsshops erstatten diese Gebühr jedoch häufig ab einem Depotvolumen von 25 000 Euro. Das Depot lässt sich meistens auch für den Kauf von ETF und für ETF-Sparpläne nutzen. Das in ETF investierte Geld zählt jedoch normalerweise nicht zum anrechenbaren Depotvolumen, und bei ETF können zusätzliche Kosten fällig werden.

Manche Fondsshops zahlen sogar einen Teil der Bestandsprovision zurück. Die Höhe hängt ebenfalls vom investierten Volumen ab. Je mehr Sie in Fonds angelegt haben, desto größer ist die Rückerstattung. Hier können Sie also doppelt sparen, beim Ausgabeaufschlag und bei der Provision. Stand 2022 bieten etwa folgende Fondsshops diese Rückerstattung an: Envestor.de, Fonds-for-less.de, Profinance-direkt.de, Rentablo.de sowie Aav-Fondsvermittlung im Alpha-Tarif. Nicht jeder Vermittler hat aber alle Fonds im Angebot, und nicht jeder ist zum Nulltarif zu haben. Die Auswahl hängt von der Fondsbank ab, mit der der Vermittler kooperiert. Es ist daher sinnvoll, dass Sie sich zunächst informieren, ob Ihr Wunschfonds dabei ist, bevor Sie ein Depot eröffnen. Vergessen Sie aber nicht: So schön diese Sparmöglichkeiten sind, ein ETF wird immer deutlich günstiger sein.

Breite Streuung schützt vor Tränen

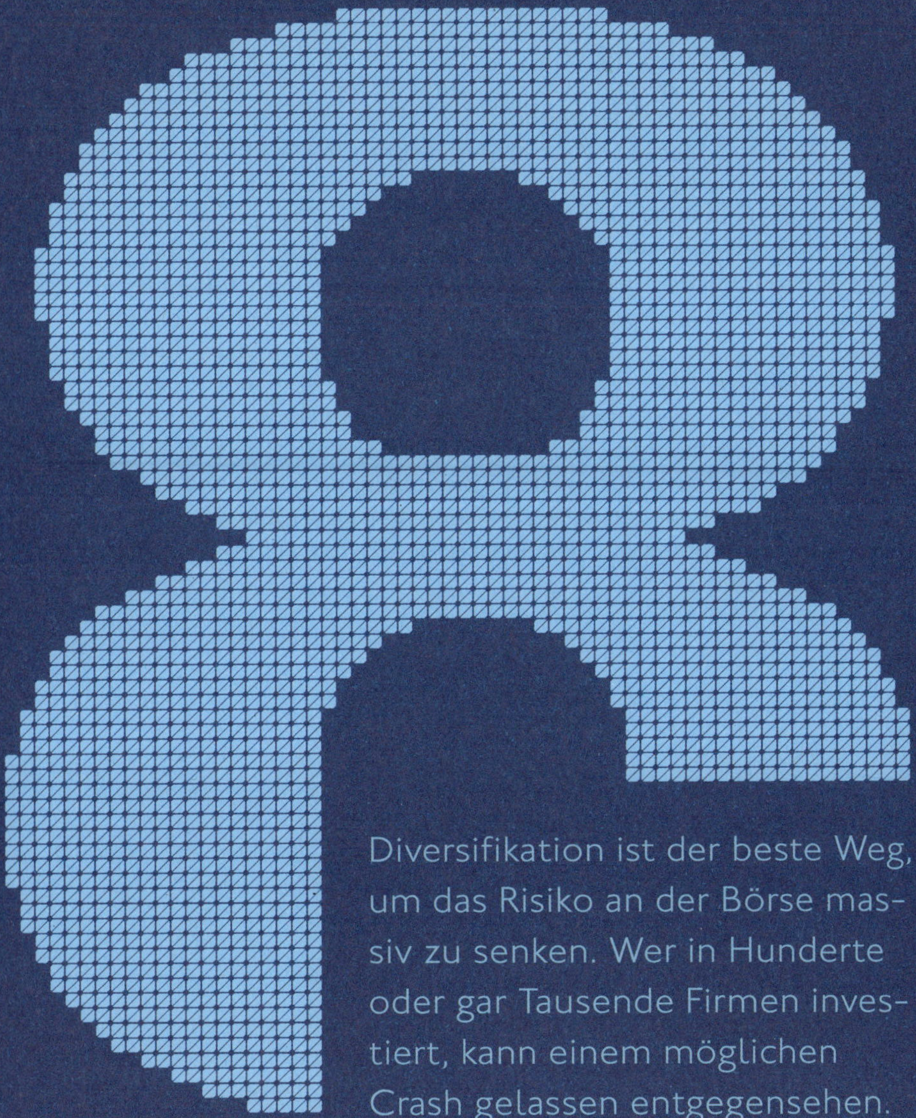

Diversifikation ist der beste Weg, um das Risiko an der Börse massiv zu senken. Wer in Hunderte oder gar Tausende Firmen investiert, kann einem möglichen Crash gelassen entgegensehen.

Leg dir die Welt ins Depot, und du wirst froh

Mit ETF lässt sich das Aktieninvestment ohne viel Aufwand über die gesamte Welt streuen.

„Die Börse? Ist mir viel zu riskant!" Bestimmt haben Sie diese Aussage schon gehört, und womöglich haben Sie lange Zeit selbst so gedacht. Die Börse und Aktien als riskant zu bezeichnen ist nicht falsch, aber sehr pauschal. Denn es gibt einfache Wege, das Risiko signifikant zu senken. Dafür ist es in einem ersten Schritt wichtig zu verstehen, dass sich das Gesamtrisiko an der Börse aus verschiedenen Risiken zusammensetzt. Man muss zwischen dem Unternehmensrisiko und dem Marktrisiko unterscheiden.

Das Unternehmensrisiko beschreibt die Gefahr, dass mit einer Firma, in deren Aktien man investiert, etwas schieflaufen kann. Die Börsengeschichte ist voll mit zerstörten Anlegerträumen. Im schlimmsten Fall geht die Firma pleite. Auf einzelne Aktien zu setzen ist also riskant.

Neben diesem Unternehmensrisiko gibt es auf der anderen Seite noch das Marktrisiko. Das sind Ereignisse, die alle Unternehmen mehr oder weniger gleich stark treffen. Inflation, Zinsänderungen, Konjunktureinbrüche sind nur ein paar Beispiele, die die Kurse belasten können.

Das Marktrisiko müssen Sie als Anlegerin oder Anleger tragen. Dafür bekommen Sie schließlich auch eine höhere Rendite für Ihr Geld, als wenn Sie es auf ein Tages- oder Festgeldkonto legen. Das Unternehmensrisiko können Sie verringern: In je mehr unterschiedliche Aktien Sie investieren, je breiter Sie Ihr Investment also diversifizieren, desto geringer wird das unternehmensspezifische Risiko.

Die maximale Streuung für den Aktienteil würde bedeuten, praktisch alle Werte zu kaufen, die es weltweit gibt. Experten nennen hier als Zahl etwa 8 000 bis 10 000 Titel, die ausreichend liquide und handelbar sind. Dieser Ansatz wird auch als „Weltdepot" bezeich-

RISIKO SENKEN DURCH STREUEN

In je mehr Aktien man investiert, desto kleiner wird das Einzeltitelrisiko. Es bleibt das Marktrisiko, das man als Anleger als Preis für die höhere Rendite tragen muss.

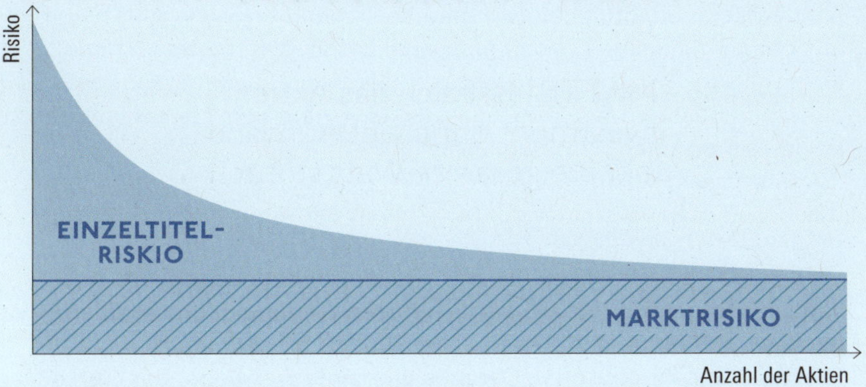

net. Der Grundgedanke dabei ist, dass die Menschen immer konsumieren werden. Die Produkte mögen sich ändern, einzelne Unternehmen verschwinden, aber unsere Bedürfnisse werden ähnlich bleiben. Wir wollen essen, trinken und Spaß haben. Es wird immer eine Nachfrage nach Gütern geben, die von Unternehmen produziert werden. Natürlich kann es zwischendurch Schwankungen geben, und vor Aktiencrashs ist man nicht geschützt. Aber man kann praktisch sicher sein, dass das „Weltdepot" sich nach einem solchen Crash erholen wird. Die Weltwirtschaft kann unter normalen Umständen nicht pleitegehen.

Etwas theoretischer gesprochen liegt die Stabilität eines solchen Weltportfolios im Wesen des Kapitalismus begründet: Investoren erwarten von Unternehmen gewisse Renditen. Wer diese Renditen nicht liefern kann, muss sich anpassen oder wird von Anlegern abgestraft. In Krisen steigt der Druck noch einmal deutlich an. Nur die besten Unternehmen überstehen diese Auslese. Deswegen ist die Wirtschaft als Ganzes nach einer Krise besser aufgestellt als zuvor. Es wird also weiter eine „Welt-AG" geben. Man kann aber nicht vorhersagen, wie diese „Welt-AG" aussehen wird.

Sie können sich das auch so vorstellen: Wenn Sie in fünf Jahren New York besuchen und schick essen gehen wollen, können Sie sich schon heute sicher sein, dass es dort Sternerestaurants geben wird. Welche das sein werden, ist natürlich unklar. Aber Sie werden ein tolles Restaurant finden, das steht fest. Denn die Betreiber und Spitzenköche lernen von den Pleiten anderer Restaurants und werden sich anpassen. „Restaurants sind fragil; sie konkurrieren miteinander, doch die örtlichen Restaurants zusammengenommen sind aus genau demselben Grund antifragil. Die Qualität, Stabilität und Seriosität des Restaurantwesens verdanken sich der Fragilität des einzelnen Restaurants", formuliert es der Finanzexperte Nassim Taleb in seinem Buch „Antifragilität".

Mit diesem Ansatz können Sie also eine praktisch planbare Rendite erzielen. Bei einzelnen Aktien können Sie keine Vorhersage darüber treffen, wie sie sich entwickeln werden. Die Aktie kann durch die Decke gehen, wie man sagt, und sich in nur wenigen Jahren vervielfachen, oder abstürzen und vor sich hin dümpeln. Das lässt sich nicht prognostizieren.

Bei einem Weltdepot sind die Risiken verteilt. Lange Datenreihen zeigen, dass sich der Weltaktienmarkt in der Vergangenheit mit im Schnitt sieben Prozent pro Jahr entwickelt hat. Und das trotz verschiedener Crashs und größerer Krisen. Langfristig orientierte Anleger sollten von einem Investment in den Aktienmarkt daher profitieren können.

BENÖTIGTE RENDITE FÜR KAPITALVERDOPPLUNG

Für eine Verdopplung des eingesetzten Kapitals in 10 Jahren genügt schon eine Jahresrendite von gut sieben Prozent.

Gewünschter Zeitraum für Kapitalverdopplung (in Jahren)	5	6	7	10	15	20	25	30
Benötigte Rendite p. a. (in Prozent)	14,2	11,9	10,4	7,2	4,7	3,5	2,8	2,3

Quelle: eigene Berechnungen

Investieren in die Welt-AG

In alle Unternehmen der Welt zu investieren ist tatsächlich einfacher, als es den Anschein hat. Es gibt verschiedene Indizes, die über tausend oder sogar mehrere Tausend Unternehmen umfassen und dafür eine gute Basis bilden. Ihre Zusammensetzung wird regelmäßig nach definierten Kriterien aktualisiert. Das heißt, Unternehmen müssen den Index verlassen, andere werden aufgenommen. So ist sichergestellt, dass sich die Indizes den Veränderungen in der Welt anpassen. Über entsprechende ETF können Sie investieren und sind immer „up to date". Hier stellen wir Ihnen die drei großen Weltindizes vor. Passende ETF auf diese Indizes finden Sie im Anhang ab Seite 172.

MSCI World: Der MSCI World gehört zu den bekanntesten Indizes. Er ist zum Synonym für den Weltaktienmarkt geworden. Fast jeder ETF-Anbieter hat einen Indexfonds auf den MSCI World aufgelegt. Die Kosten sind also extrem niedrig. Der MSCI World umfasst rund 1 500 Unternehmen aus 23 Ländern. Die größten Positionen sind Apple, Microsoft und Amazon (siehe Tabelle auf Seite 95). Der Name MSCI World ist allerdings etwas irreführend. Denn nur Unternehmen aus den Industrieländern sind Teil des Index. Schwellenländer wie China, Brasilien oder Vietnam bleiben außen vor.

MSCI All Country World Index (MSCI ACWI): Während der MSCI World nur in die Industrieländer investiert, umfasst der MSCI ACWI auch die Schwellenländer. Insgesamt enthält er fast 2 900 Aktien aus 47 Ländern. Die Top-10-Unternehmen dominieren den Index nicht mehr ganz so stark wie beim MSCI World. Ihr Anteil betrug im November 2022 knapp 15 Prozent. Auch wenn der MSCI ACWI die Schwellenländer mit abbildet, so ist ihr Anteil relativ gering. China macht zum Beispiel nur 3,3 Prozent aus (Stand: November 2022). Der Anteil des Landes an der Weltwirtschaftsleistung beträgt hingegen rund 20 Prozent. Die Indizes von MSCI orientieren sich aber nicht am Bruttoinlandsprodukt, sondern am Börsenwert der Unternehmen. Die Kapitalmärkte in vielen Schwellenländern sind jedoch noch nicht so gut entwickelt wie die der Industrieländer.

FTSE All World: Mit fast 4 200 Unternehmen ist der FTSE All World der größte der populären Weltindizes. Er ist mit 49 Ländern auch der internationalste. Sonst ähnelt er stark dem MSCI ACWI. Auch der FTSE All World umfasst die größten börsennotierten Unternehmen aus den Industrie- und Schwellenländern. Die größten Positionen im FTSE All World sind Apple, Microsoft und Amazon. Im Unterschied zu den Indizes von MSCI gibt es auf den FTSE All World nur einen ETF. Er kommt von der Firma Vanguard. Beim MSCI World und beim MSCI ACWI haben Anleger und Anlegerinnen die Wahl zwischen verschiedenen ETF-Anbietern.

Mit ETF auf diese Indizes kommen Sie also dem breit aufgestellten Weltdepot schon ein ganzes Stück näher. Das Manko ist allerdings, dass die kleinen Unternehmen, die so genannten Small Caps, dort nicht enthalten sind. Dabei spielen sie eine wichtige Rolle in der Weltwirtschaft, schließlich sind sie oft innovativer als die großen Konzerne. Wenn Sie also noch einen Schritt weiter gehen wollen, nehmen Sie auch noch die kleinen Unternehmen mit in ihr Depot auf. Auch dafür gibt es mit dem MSCI World Small Cap einen passenden Index mit entsprechenden ETF.

MSCI World Small Cap: Der MSCI World Small Cap umfasst rund 4 500 Unternehmen. Allerdings kommen auch hier die Firmen nur aus den Industrieländern. Die Schwellenländer fehlen wieder. In Kombination mit dem MSCI All Country World kommen Sie also auf gut 7 400 Aktien in Ihrem Depot. Sie sind damit der Idee von der Welt-AG schon sehr nah. Sie sollten in Ihrem Depot die kleinen Unternehmen aber nur beimischen mit einem Anteil von 15 bis 25 Prozent. Denn ihre Schwankungsanfälligkeit ist höher als die der sogenannten Large und Mid Caps.

THEORETISCH IST AUCH EINE Kombination des MSCI World Small Cap mit dem FTSE All World möglich. Allerdings wäre das wenig ratsam, da es zwischen beiden ETF Überschneidungen gibt. Denn einige Titel aus dem MSCI World Small Cap sind bereits im FTSE All World enthalten.

Mit nur zwei ETF können Sie also die Weltwirtschaft in Ihrem Depot abbilden. Eine breitere Diversifikation ist zu so günstigen Kosten auf der Aktienseite kaum möglich.

Ob Sie nun wie hier in dem Beispiel den MSCI ACWI wählen oder lieber den MSCI World, müssen Sie für sich entscheiden. Schwellenländer erhöhen auf der einen Seite die Diversifikation und

DIE DREI WELTINDIZES IM VERGLEICH

Die Weltindizes werden von Tech-Unternehmen und den USA dominiert. Auswahlkriterium ist die Höhe des Börsenwerts. Die Zusammensetzung der Indizes wird regelmäßig überprüft und angepasst.

	MSCI WORLD	MSCI ACWI	FTSE ALL WORLD
Zahl der Firmen	1516	2898	4173
Zahl der Länder	23	47	49
Top-10-Positionen (Anteil)	Apple (5,06 %) Microsoft (3,67 %) Amazon (2,29 %) Tesla (1,43 %) Alphabet A (1,28 %) Alphabet C (1,22 %) United Health (0,96 %) Johnson & Johnson (0,84 %) Exxon Mobil (0,80 %) Nvidia (0,74 %)	Apple (4,49 %) Microsoft (3,26 %) Amazon (2,03 %) Tesla (1,27 %) Alphabet A (1,14 %) Alphabet C (1,08 %) United Health (0,85 %) Johnson & Johnson (0,74 %) Taiwan Semiconductor (0,72 %) Exxon Mobil (0,71 %)	Apple (4,05 %) Microsoft (3,34 %) Amazon (1,92 %) Tesla (1,29 %) Alphabet A (1,10 %) Alphabet C (0,99 %) United Health (0,90 %) Johnson & Johnson (0,82 %) Exxon Mobil (0,70 %) Berkshire Hathaway B (0,66 %)
Gewicht Branchen (Top 3)	IT (21,71 %) Finanzen (13,41 %) Gesundheit (13,23 %)	IT (21,45 %) Finanzen (14,34 %) Gesundheit (12,17 %)	IT (20,82 %) Gesundheit (12,47 %) Industriegüter (11,34 %)
Gewicht Länder	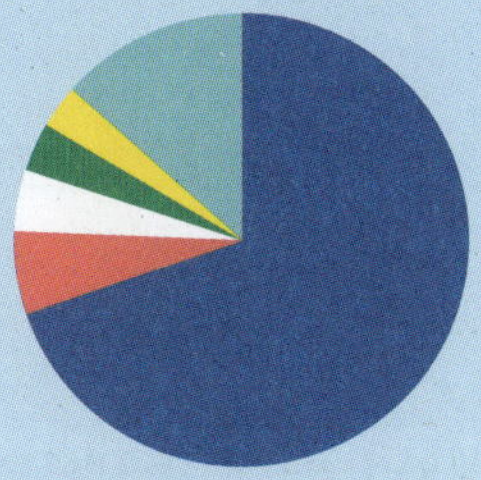	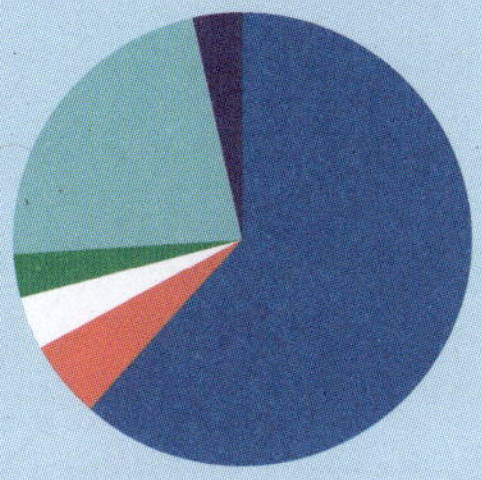	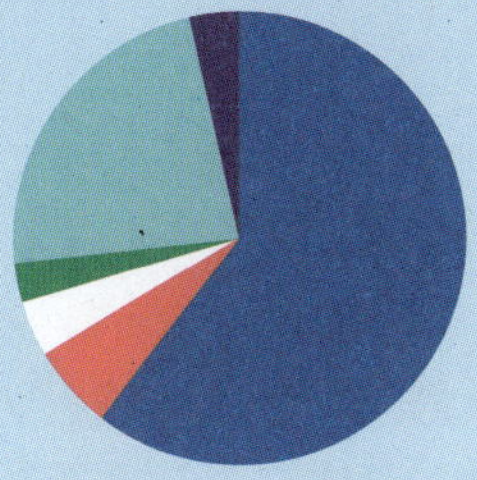

USA · Rest · Frankreich · Kanada · UK · Japan · China

Quelle: Unternehmensangaben

DIE WIRKUNG KLEINER WERTE

Ob eine Beimischung des MSCI World Small Cap die Rendite erhöhte, hängt vom Untersuchungszeitraum ab. Eindeutiger ist die Aussage für die Volatilität, die mit dem Index im Depot steigt. Eine höhere Sharpe-Ratio zeigt ein besseres Chance-Risiko-Verhältnis an.

	seit 31.12.2000			seit 30.09.2012		
Index	**Rendite p.a.**	**Volatilität**	**Sharpe Ratio[1]**	**Rendite p.a.**	**Volatilität**	**Sharpe Ratio[2]**
MSCI ACWI	5,3 %	14,3 %	0,23	10,8 %	12,8 %	0,85
MSCI World Small Cap	8,0 %	16,9 %	0,36	11,0 %	15,9 %	0,69
MSCI World	5,4 %	14,3 %	0,24	11,7 %	13,1 %	0,89
85 % MSCI ACWI + 15 % MSCI World Small Cap	5,8 %	14,6 %	0,26	10,9 %	13,1 %	0,83
75 % MSCI ACWI + 25 % MSCI World Small Cap	6,0 %	14,8 %	0,27	10,9 %	13,4 %	0,81

Quelle: Refinitiv, eigene Berechnungen   Stand: 30.09.2022 1) unterstelltes Zinsniveau von durchschnittlich zwei Prozent 2) unterstelltes Zinsniveau von durch-

wiesen in der Vergangenheit einen dynamischen Aktienmarkt auf (siehe Grafik auf Seite 98). Aber sie haben auch ihre Risiken, die über Kursrisiken hinausgehen. So zeigte das Jahr 2022 eindringlich die politischen Risiken, die mit Schwellenländern verbunden sein können: China griff massiv in die Wirtschaft ein, und russische Aktien flogen nach dem Einmarsch in die Ukraine aus Aktienindizes.

Das Weltdepot für Fortgeschrittene

Der MSCI World und die beiden anderen Weltindizes sind nicht sehr ausgewogen. Sie bilden die Weltwirtschaft allein nach dem Börsenwert ab. Deshalb dominieren US-amerikanische Tech-Konzerne und damit die USA als Land die Indizes. Mit den realen Kräfteverhältnissen in der Weltwirtschaft haben sie nur bedingt etwas zu tun.

Um diese Konzentration US-amerikanischer Werte im Portfolio auszugleichen, kann man, anstatt in den MSCI ACWI zu investieren, einen ETF auf den MSCI World mit einem ETF auf einen Index mit Unternehmen aus Schwellenländern kombinieren. Mögliche Indizes sind der MSCI Emerging Markets oder der FTSE Emerging Index. Im MSCI Emerging Markets befinden sich rund 1 400 Unternehmen aus 23 Ländern. China hat einen Anteil von 32 Prozent. Mit 1 900 Firmen aus 24 Ländern ist der FTSE Emerging Index noch etwas größer. Natürlich dominiert auch hier China als Land mit einem Anteil von über 33 Prozent.

Wie der Vergleich zwischen MSCI World und MSCI Emerging Markets zeigt, lieferten die Industrieländer in den vergangenen Jahren die stetigeren Renditen. Die Schwankungen waren kleiner. Der MSCI Emerging Markets schlug dagegen mehr aus – sowohl nach oben als auch nach unten. Ihr Depot wird mit dieser Kombination also volatiler. Es bietet mehr Chancen – aber auch mehr Risiken, wobei Sie hier, wie eben beschrieben, neben den Kursrisiken auch die politischen Risiken im Blick behalten sollten.

Wenn Sie also nicht mit der Gewichtung in den klassischen Weltindizes zufrieden sind, können Sie selbst aktiv werden und sich Ihre eigene Kombination von Industrie- und Schwellenländern zusammenstellen. Passende ETF finden Sie im Anhang ab Seite 172.

Wie sähe Ihr Portfolio bei dieser freien Kombination nun aus? Wenn Ihnen die kleinen Werte für Ihr Depot wichtig sind, kommen Sie auf drei ETF. Diese sind der MSCI World, der MSCI ACWI und der MSCI Small Cap. Zusammengerechnet enthalten diese drei Indizes 7 400 Aktien. In Summe sollte die Beimischung aus Schwellenländern und Small Caps nicht wesentlich mehr als 30 Prozent ausmachen. Der Schwerpunkt des Aktienanteils sollte eindeutig auf dem MSCI World liegen. Zwar gibt es vom Index-Anbieter FTSE auch Indizes für die Industriestaaten und die Schwellenländer, aber keinen Index auf kleine Werte. Um Überschneidungen zu vermeiden, sollten Sie in einer Indexfamilie bleiben.

Das heißt, wenn Sie keine Small Caps in Ihrem Depot wollen, können Sie natürlich statt der MSCI-Indexfamilie auch die FTSE-Indizes wählen. Dann würden Sie den FTSE Developed und den FTSE Emerging kombinieren. Die beiden Indizes decken rund 4 200 Aktien ab. Der MSCI World und der MSCI Emerging Markets kommen zusammen auf rund 2 900 Aktien. Wegen der höheren Volatilität und politischer Risiken sollte der Schwellenländer-ETF aber nicht zu hoch in Ihrem Depot gewichtet sein. Wir raten dazu, dass der Anteil

INDUSTRIE- UND SCHWELLENLÄNDER IM VERGLEICH

Vor allem Anfang der 2000er-Jahre entwickelten sich die Schwellenländer dynamisch. Allerdings gab es auch heftige Rücksetzer. Anleger und Anlegerinnen sollten daher China und Co. nicht zu hoch in ihrem Depot gewichten.

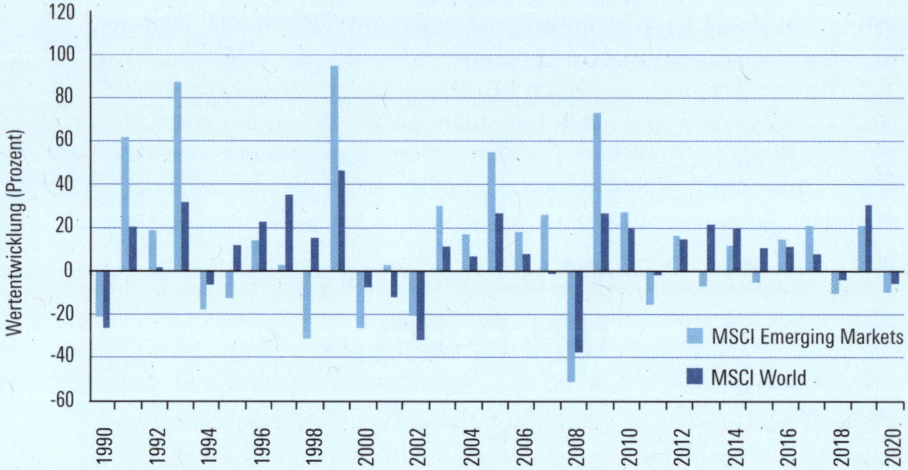

Quellen: Refinitiv, eigene Berechnungen

der Schwellenländer einen Wert von 30 Prozent nicht übersteigt. Zum Vergleich: Im MSCI ACWI liegt er bei rund elf Prozent, im FTSE All World sind es gut zehn Prozent.

Eine andere Möglichkeit ist, die einzelnen Regionen im Depot gemäß ihres Anteils an der Weltwirtschaft zu gewichten. Passende Indizes stellt unter anderem MSCI bereit. Zwar gibt es auch für die Regionen Indizes von anderen Anbietern. Der Vorteil ist jedoch eine saubere Abgrenzung, wenn man innerhalb eines Anbieters bleibt. Es kommt dann zu keinen Überschneidungen. Entsprechende ETF finden Sie unter anderem bei iShares. Die Aufteilung könnte dann so aussehen:

Nordamerika: MSCI North America (34 Prozent)
Europa: MSCI Europe (25 Prozent)
Schwellenländer global: MSCI Emerging Markets (30 Prozent)
Asien/Pazifik: MSCI Pacific (11 Prozent)

Dieses Depot ist deutlich aufwendiger und bildet eine BIP-Gewichtung dennoch nur grob ab. Deutschland wird etwa im Europa-Baustein gemessen an seinem BIP-Anteil immer noch zu niedrig gewichtet. Es kann immer mal wieder ein Rebalancing nötig sein, um die Börsenentwicklung an die BIP-Verhältnisse anzupassen.

Der Vorteil eines solchen Depots ist, dass die Regionen besser ausbalanciert sind. Japan ist hier ein warnendes Beispiel. Ende der 1980er-Jahre hatte das Land einen Anteil von 40 Prozent am MSCI World. Als dann die Immobilienblase platzte und der Nikkei abstürzte, litten auch die MSCI-World-Anleger. So verlor der MSCI World im Jahr 1990 gut 26 Prozent, der MSCI Japan gut 43 Prozent. Der MSCI USA kam dagegen glimpflich mit einem Minus von etwas mehr als 13 Prozent davon.

Eine Fußballmannschaft fürs Depot

ETF sind natürlich nicht der einzige Weg. Sie können sich auch ein Depot aus Einzelaktien zusammenstellen. Es macht ja auch durchaus Spaß, nach aussichtsreichen Unternehmen zu suchen und sie zu analysieren. Ihnen muss aber klar sein, dass die Geldanlage dann zeitaufwendiger und riskanter ist.

Verschiedene Faktoren sind bei der Aktienauswahl wichtig. Die Bewertung muss passen, das Geschäftsmodell und auch das Risikoprofil. Und natürlich kommt es auch auf die passende Mischung an. Ein Fußballtrainer stellt ja auch nicht nur Stürmer oder nur Verteidiger auf. Er lässt vielleicht mal offensiver oder defensiver spielen. Ein guter Trainer wird aber darauf achten, dass jede Position besetzt ist.

Dieses Bild von einer Fußballmannschaft sollten Sie auch bei der Komposition Ihres Depots vor Augen haben. Achten Sie auf den richtigen Mix aus Abwehrspielern, Mittelfeldspielern und Stürmern, oder, um es in der Börsensprache zu sagen, aus nichtzyklischen Aktien (die passenderweise auch defensive Werte genannt werden), zyklischen Aktien und Wachstumswerten.

Zu den defensiven Aktien gehören zum Beispiel Pharmahersteller, Energieversorger und Telekommunikationsunternehmen, deren Geschäft relativ stabil läuft. Zur Gruppe der Zykliker gehören etwa Chemiekonzerne und Autohersteller. Ihr Geschäft ist abhängig von der Konjunktur. Wachstumswerte sind zum Beispiel Tech- und Biotech-Unternehmen, die dabei sind, den Markt zu erobern.

Wenn Sie auf eine interessante neue Aktie stoßen, kaufen Sie sie nicht einfach. Überprüfen Sie zuerst, ob sie in Ihr Depot passt. Eventuell müssen Sie sich dafür von einem anderen Wert trennen, wenn Sie „auf der Position schon gut besetzt sind", wie es im Sport heißen würde. Sonst könnte eine Unwucht entstehen und die Risikostreuung sich verschlechtern.

Der Fußballvergleich endet bei der Zahl der Aktien. Natürlich sollten Sie bei einem Depot aus Einzeltiteln für eine bessere Diversifikation mehr als elf Aktien „auf dem Platz haben". Allerdings sollten Sie die Zahl aber auch nicht zu groß werden lassen, weil Sie anderenfalls die Entwicklung der Titel nicht mehr im Blick haben. Unliebsame Überraschungen drohen. Warren Buffett brachte in einem Vergleich einmal zum Ausdruck, dass schon 40 Aktien zu viel seien.

Das zeigt das Problem bei Einzeltiteldepots. So spannend es auch sein mag, nach den besten Aktien zu suchen: Selbst wenn Sie in 40 Aktien investieren würden, hätten die Top Ten bei einer Gleichgewichtung einen Anteil von 25 Prozent. Bei 30 Aktien wären es über 30 Prozent. Zum Vergleich: Die zehn größten Titel im MSCI World kommen auf ein Gewicht von rund 18 Prozent. Diese Zahlen machen deutlich, wie riskant Einzeltiteldepots aufgrund der schlechteren Diversifizierung sind.

Wenn Sie in Einzeltitel investieren wollen, denken Sie vielleicht lieber über eine Kombination mit ETF nach. Das wäre auf jeden Fall die bessere Lösung gegenüber einem reinen Einzeltiteldepot. Auf diese Weise kombinieren Sie eine gute Streuung mit einer überschaubaren Einzeltitelauswahl. ETF können die Basis sein und einige Aktien, die Sie zum Beispiel wegen besonders guter Wachstumsaussichten gekauft haben, das Portfolio abrunden. Vergessen Sie aber niemals, dass höhere Renditechancen auch höhere Risiken mit sich bringen.

Mit Anleihen noch breiter diversifizieren

Anleihen bilden eine wichtige Anlageklasse auf dem Finanzmarkt. Wie Sie in Anleihen investieren können und auf was es zu achten gilt.

Eine Vielzahl von Aktien ist eine Möglichkeit, den Renditebaustein Ihres Depots zu diversifizieren. Sie können die Risikostreuung noch weiter treiben, indem Sie auch den Sicherheitsbaustein diversifizieren: Als Stabilitätsanker bieten sich sichere Anleihen von Staaten und Unternehmen an. Sie können im Sicherheitsbaustein eine gute Ergänzung zum Tagesgeld darstellen.

Mit Anleihen können Sie den Sicherheitsbaustein breiter aufstellen. Die Verzinsung von guten Tagesgeldangeboten ist zwar inzwischen wieder attraktiv. Doch kann es mit viel Aufwand verbunden sein, immer wieder nach den besten Angeboten zu suchen und sein Geld zu den Top-Anbietern umzuschichten. Einfacher ist das mit Anleihen. Mit Anleihen lässt sich inzwischen wieder ohne Umschichten eine Rendite erzielen, die über vielen Tagesgeldangeboten liegt. Wie attraktiv Anleihen im Vergleich zum Tagesgeld sind, hängt stark vom jeweiligen Tagesgeldangebot ab,

Ganz ohne Risiko sind Anleihen nicht. Eine Gefahr ist, dass das Unternehmen pleitegeht und die geliehene Summe nicht zurückzahlen kann. Auch ein Staat kann in Zahlungsschwierigkeiten geraten. Und der Kurs einer Anleihe kann zwischendurch fallen: Das passiert zum Beispiel , wenn am Markt die Zinsen steigen. Anleihekurse sinken dann, damit die Rendite aus Kursgewinnen bis Fälligkeit und Zinszahlungen der neuen, vom Markt geforderten höheren Verzinsung entspricht. Ähnliches passiert, wenn Investoren ein Unternehmen riskanter einschätzen und die Risikoaufschläge steigen. Auch bei Anleihen kommt es deswegen genau wie bei Aktien darauf an, das Risiko zu streuen. Natürlich können Sie einzelne Anleihen von Staaten oder Unternehmen kaufen, doch das empfiehlt sich für Privatanlegerinnen und -anleger nicht. Viele Anleihen werden in so großen Stückelungen – oft 10 000 oder sogar 100 000 Euro pro Papier –

gehandelt, dass Sie sich mehrere Papiere gar nicht leisten könnten. Nach der Erstausgabe der Anleihen schläft der Handel oftmals ein, was heißt, dass Sie Schwierigkeiten bekommen könnten, sollten Sie wieder verkaufen wollen.

Ein wahrer Bestandteil des Sicherheitsbausteins werden Anleihen ohnehin erst durch die richtige Risikostreuung. Besser ist also, Sie diversifizieren wieder und kaufen einen ganzen Korb an Anleihen. Auch das geht mit ETF. Denn auch Anleihen lassen sich zusammenfassen, diese Indizes wiederum kann ein ETF nachbilden.

Das Angebot an entsprechenden Indizes ist breit. Der Bloomberg Euro Treasury Bond Index vereint zum Beispiel über 400 Staatsanleihen aus 18 Ländern des Euroraums. Es gibt auch Indizes für Unternehmensanleihen sowie gemischte Indizes. ETF auf Unternehmensanleihen sind tendenziell etwas risikoreicher als Euro-Staatsanleihen, daher empfehlen wir als Sicherheitsbaustein entweder einen reinen Euro-Staatsanleihen-ETF oder einen ETF mit einem Mix aus Staats- und Unternehmensanleihen. Eine Auswahl passender Anleihen- ETF finden Sie im Anhang auf den Seiten 174/175.

Wende am Anleihenmarkt

Noch vor wenigen Jahren war die Beimischung von Anleihen trotz niedriger Zinsen durchaus attraktiv. Entsprechende ETF konnten beachtliche Kursgewinne vorweisen, obwohl die Zinsen am Ende minimal waren. Entsprechend schnitten Portfolios mit einem Anleihenanteil im Sicherheitsbaustein seinerzeit deutlich besser ab als solche, deren Sicherheitsanteil nur auf Tagesgeld beruhte. So kam ein ausgewogenes Depot mit einer Kombination aus einem Welt-ETF und einem ETF mit Euro-Staatsanleihen zwischen 2010 und 2019 auf eine durchschnittliche Rendite von 8,5 Prozent. Bestand der Sicherheitsbaustein allein aus Tagesgeld, lag die Rendite bei 6,7 Prozent.

Der Grund für den Vorteil: Über viele Jahre senkten die Notenbanken die Zinsen immer weiter – in der Eurozone sogar unter null Prozent. Dadurch stiegen die Anleihenkurse trotz mickriger Zinsen. Tagesgeld hingegen weist keine Kursschwankungen auf; bei fallenden Zinsen konnte es nicht von steigenden Kursen profitieren. Diese Entwicklung ist auf die kommenden Jahre allerdings nicht so einfach übertragbar. Denn die Notenbanken läuteten im Jahr 2022 die Wende ein und begannen, die Zinsen wieder anzuheben. Die Renditen zogen an, die Kurse sanken. Die Bewegung kehrt sich um: Investoren verkaufen „alte" Anleihen, weil sie auf „neue" Anleihen mit einem höheren Kupon hoffen. Zuletzt lagen zahlreiche Renten-ETF daher im Minus. Mittlerweile könnten Anleger aber auch schon wieder einsteigen. Die Expertinnen und Experten von Finanztest haben dazu im Oktober 2022 verschiedene Szenarien analysiert (online unter test.de/geld-aktuell): Es kann sein, dass das Schlimmste bei den Rentenfonds mit Euro-Staatsanleihen bereits überstanden ist. Es kann aber auch sein, dass die Zinsen nochmals stark anziehen und Rentenfonds weiter verlieren. Wer auch bei einem weiteren Einbruch am Rentenmarkt die Nerven behält und bereit ist, mindestens drei Jahre zu investieren, kann bei Euro-Rentenfonds bleiben. Wer keine (weiteren) Verluste bei seinen Rentenfonds riskieren will, sollte auf Tagesgeld und Festgeld setzen.

Es gilt: Renten-ETF schwanken im Kurs. Tagesgeld ist dagegen immer ohne Kursrisiken verfügbar.

Rohstoffe runden das Depot ab

Rohstoffe wirken wie eine gute Diversifikationsmöglichkeit. Anleger müssen jedoch Nachteile in Kauf nehmen.

Immer wieder gibt es Spekulationen über einen neuen Superzyklus bei Rohstoffen, und auch als Schutz vor Inflation scheinen Rohstoffe eine sinnvolle Ergänzung zu sein. Denn oft werden Teuerungsschübe durch steigende Rohstoffpreise ausgelöst. Doch das Investieren in einzelne Rohstoffe ist – mit Ausnahme von Edelmetallen – nicht ganz einfach. Der Grund: An vielen Rohstoffen kann man sich nur über Futures beteiligen. Vereinfacht gesagt sichern sich Investoren über ein solches Termingeschäft die Lieferung des Basiswerts zu einem bestimmten Zeitpunkt zu einem bestimmten Preis.

Das führt zur ersten Besonderheit: Die Rohstoffpreise, die man – wie zum Beispiel von Öl – ohne große Probleme in den Medien oder auf Börsenportalen verfolgen kann, sind Spot-Preise. Das heißt, es sind Preise für eine sofortige Lieferung. Dieser Preis ist aber für die Investition in Rohstoffe nicht relevant, weil sie über Futures gehandelt werden. Spot-Preis und Future-Preis entwickeln sich ähnlich, aber nicht identisch. Das Verfolgen der Entwicklung des Spot-Preises kann also irreführend sein.

Dass Futures praktisch die einzige direkte Investitionsmöglichkeit für die meisten Rohstoffe sind, führt zur zweiten Besonderheit: Niemand – abgesehen von professionellen Händlern – will schließlich einen Berg Weizen geliefert bekommen. Entsprechend müssen die Futures vor ihrer Fälligkeit in neue Futures mit neuer Laufzeit überführt werden. Man spricht davon, dass die Futures „gerollt" werden müssen. Durch diesen „Umtausch" entstehen häufig sogenannte Rollverluste, die die Performance vieler Rohstoff-Futures erheblich belasten.

EDELMETALLE bilden bei den Rohstoff-Investments eine Ausnahme. Eine Lagerung ist für Banken und Co. relativ leicht. Das aufwendige Rollen entfällt. Mit ETC – Exchange Traded Commodities – können Anleger an der Preisentwicklung von Silber, Platin, Palladium oder Gold partizipieren. Der Zusammenhang zwischen Derivat und Basiswert ist groß. Allerdings besteht ein Emittentenrisiko.

Wenn Sie diese Problematik nicht abschreckt, können Sie zum Beispiel mit einem ETF auf den Bloomberg Commodity Index in eine breite Palette an Rohstoffen investieren. Der Index umfasst Agrarrohstoffe, Industriemetalle, Energierohstoffe, Edelmetalle und sogar Vieh. Mögliche ETF sind zum Beispiel der Invesco Bloomberg Commodity (IE00BD6FTQ80), der iShares Diversified Commodity Swap (IE00BDFL4P12) oder der L&G All Commodities (IE00BF0BCP69).

In den vergangenen Jahren konnten Sie über eine solche Rohstoffbeimischung die Volatilität eines reinen Aktienportfolios senken, da beide Asset-Klassen nur eine geringe Korrelation aufweisen. Allerdings ginge diese Risikominimierung zu Lasten der Rendite.

ROHSTOFFE MIT GEMISCHTEM EFFEKT

Mit zunehmender Gewichtung eines ETF auf den Bloomberg Commodity Index ging die Volatilität eines Aktien-Depots (MSCI World) in den vergangenen Jahren zurück. Es sank jedoch auch die Rendite. Die Sharpe-Ratio zeigt, dass sich damit das Chancen-Risiko-Verhältnis kaum änderte. Die Kennzahl vereint Rendite und Volatilität. Je höher der Wert, desto besser das Chancen-Risiko-Verhältnis. Unterstellt ist ein durchschnittliches Zinsniveau von zwei Prozent.

	100 % Aktien + 0 % Rohstoffe	90 % Aktien + 10 % Rohstoffe	80 % Aktien + 20 % Rohstoffe	70 % Aktien + 30 % Rohstoffe
Volatilität	14,5 %	13,6 %	12,9 %	12,4 %
Rendite p. a.	4,8 %	4,7 %	4,6 %	4,4 %
Sharpe (2 %)	0,20	0,20	0,20	0,20

Quellen: Refinitv (Bloomberg Commodity Index), eigene Berechnungen, Zeitraum 01/2000 bis 09/2022

Rohstoffinvestment über Bande

Wenn Ihnen Futures als Investment zu kompliziert sind, haben Sie noch eine andere Möglichkeit. Bei dieser Variante investieren Sie nicht in die Rohstoffe, sondern in die Aktien von Rohstoffunternehmen. Es gibt eine Reihe entsprechender Themen-ETF. Die Kursentwicklung dieser ETF korreliert oft stark mit den Rohstoffpreisen. Auf diese Weise können Sie also von steigenden Preisen profitieren. Passende Indizes sind zum Beispiel:

S&P Commodity Producers Agribusiness (mit Aktien etwa von Deere, Nutrien, Archer-Daniels-Midland, Corteva, Tyson Foods)

MSCI World Energy Sector (unter anderem Exxon, Chevron, Total, BP, Royal Dutch Shell)

EMIX Global Mining (zum Beispiel BHP Group, Rio Tinto, Freeport McMoran, Glencore, Vale)

Wenn Sie diesen Weg wählen, muss Ihnen allerdings klar sein, dass Sie in erster Linie in Aktien investieren. Die Diversifikation Ihres Depots über eine Rohstoffkomponente ist also limitiert.

Gefühle gehören nicht an die Börse

9

Gier, Angst, Panik oder Euphorie – Emotionen lassen uns oft verhängnisvolle Entscheidungen treffen. Rationales Denken ist unabdingbar für den Erfolg bei der Geldanlage.

Psychologie und Emotionen erklären Kurse oft besser als Zahlen

Übertreibungen nach oben wie nach unten gehören an der Börse dazu. Wenn Sie die Stimmung im Blick haben, kann Sie weniger überraschen.

Investieren an der Börse wirkt auf den ersten Blick immer sehr rational. Da gibt es Kennzahlen, die man analysieren kann. Investoren denken sich Strategien aus, die ihnen eine Überrendite bescheren sollen, und basteln Modelle, um den fairen Wert von Aktien zu berechnen. Computer stellen Simulationen an, um die Kursentwicklung prognostizieren zu können. Und doch ist die Börsengeschichte voll von Übertreibungen nach oben wie nach unten. Es gibt Phasen der Gier, der Euphorie, der Angst und der Panik.

„DIE ROLLE DER PSYCHOLOGIE im Börsengeschehen kann gar nicht überschätzt werden. Kurz- und mittelfristig macht sie 90 Prozent aus!", wusste schon André Kostolany. Ob es wirklich 90 Prozent sind, lässt sich nur schwer messen. Tatsache ist, dass die Stimmung der Anleger große Bedeutung für die Kursentwicklung hat. Gute Stimmung lässt Aktien immer höher steigen. Risiken werden ausgeblendet. Umgekehrt fallen bei Panik die Kurse immer tiefer. Dieses Mal sind es die Chancen, die keiner sehen will. Dabei hat sich oft an den Unternehmen kaum etwas geändert.

Mit einer ganzen Reihe von Indikatoren wird versucht, die Stimmung an der Börse einzufangen. Beachtung erfährt zum Beispiel die Put/Call-Ratio. Puts und Calls sind Finanzinstrumente, mit denen Investoren auf fallende oder steigende Kurse setzen können. Aus dem Verhältnis dieser Verkaufs- und Kaufoptionen lässt sich ablesen, wie optimistisch beziehungsweise pessimistisch die Anleger gestimmt

EMOTIONALE ACHTERBAHN

Die Schwankungen der Kurse werden von vielen Emotionen begleitet. Stehen die Kurse hoch, herrscht Euphorie, geht es nach unten, breitet sich Panik aus. Wer erfolgreich anlegen will, darf seine Entscheidungen nicht von solchen Gefühlen beeinflussen lassen.

sind. Je niedriger der Wert, desto zuversichtlicher sind die Anleger. Auf der Webseite der Chicago Board Option Exchange (CBOE) lässt sich zum Beispiel der Indikator halbstündlich ablesen.

Es gibt auch Volatilitätsindizes, die die erwarteten Schwankungen an den Märkten ausdrücken. Dazu gehört der VIX für den S&P 500 oder der VDax für den Dax. Diese Indizes werden auch als „Angstbarometer" bezeichnet. Je höher die Schwankungen, desto größer ist die Nervosität der Anleger.

Neben diesen eher „technischen" Stimmungsindikatoren werden auch Umfragen unter Anlegerinnen und Anlegern durchgeführt, um zu erfahren, wie sie die Lage einschätzen. Das Zentrum für Europäische Wirtschaftsforschung (ZEW) befragt zum Beispiel jeden Monat gut 300 Finanzexperten und -expertinnen zu ihrer Meinung über Konjunktur und Märkte.

Eher ein Kontraindikator

In der Praxis sehen die meisten Investoren diese Stimmungsbarometer eher als Kontraindikatoren. Eine zu gute Stimmung kann auch ein Warnsignal sein statt ein Zeichen dafür, jetzt noch weiter zu investieren. Wenn die Anleger guter Dinge sind, heißt das, dass die Kurse schon sehr hoch bewertet sind. Umgekehrt gilt: Je schlechter die Stimmung, desto größer ist die Chance, dass die Kurse bald wieder anfangen zu steigen. Denn wenn die Stimmung am Boden ist, haben die meisten Investoren schon verkauft. Das lässt auf eine Wende hoffen. Letztlich ist aber auch das mehr eine „Daumenregel" und keine wissenschaftlich fundierte Aussage. Schließlich ist man hinterher immer klüger ...

Für Sie als Anleger oder Anlegerin ist es ohnehin wichtig, sich nicht von Marktstimmungen beeinflussen zu lassen. Es gilt, einen kühlen Kopf zu behalten, selbst in turbulenten Phasen. Weder sollten Sie leichtsinnig werden, wenn die Kurse in die Höhe schießen, noch sollten Sie in Panik verfallen, wenn es nach unten geht. Nur weil eine Aktie fällt, wird ein gutes Unternehmen nicht unbedingt schlechter. Und wenn Sie Ihr Depot breit gestreut haben, brauchen Sie nur zu warten, bis sich die Stimmung wieder dreht.

Tückische Psychofallen für Anleger

Unbewusst machen viele Anleger immer wieder die gleichen Fehler. Wer die Fallen kennt, kann sich vor Verlusten schützen.

Damit Sie in jeder Börsenphase entspannt bleiben können, müssen Sie nicht nur die Stimmungsschwankungen der Märkte verstehen, sondern auch Ihre eigenen Emotionen. Unsere Gefühle verleiten uns bei der Geldanlage leicht zu Entscheidungen, die sehr teuer werden können. Wer die Psychofallen allerdings kennt, kann seine Anlageentscheidungen kritisch hinterfragen und so Fehler vermeiden. Die Finanzwissenschaft hat eine Reihe von verhängnisvollen Mustern identifiziert, auf die Sie achten sollten.

Home Bias: Welche Aktie würden Sie eher kaufen: Ajinomoto? David S Smith Holding? Oder Mercedes? Wahrscheinlich werden Sie Mercedes bevorzugen und nicht etwa die beiden anderen Papiere. Ajinomoto ist ein Wert aus dem japanischen Nikkei-225-Index, David S Smith Holding gehört zum britische Leitindex FTSE 100. Die hiesigen Konzerne wirken einfach vertrauter. Über sie liest man ständig in der Zeitung, kennt die Produkte, und Informationen sind leichter verfügbar. Fachleute sprechen hier auch von Verfügbarkeitsheuristik. Es scheint verständlich, dass man dann dort auch sein Geld investieren will. Analysen zeigen immer wieder, dass deutsche Anlegerinnen und Anleger stark auf die Unternehmen aus Dax und Co. setzen. Sie haben ein überproportionales Gewicht in den Depots. Das Phänomen, vor allem am Heimatmarkt zu investieren, ist als „Home Bias" bekannt. Gleiches gilt übrigens für Branchen, in denen man sich gut auszukennen glaubt. Wer hier nicht aufpasst und in diese Psychofalle tappt, kauft sich ein Depot mit einer schlechten Streuung zusammen und lässt sich außerdem durch die einseitige Ausrichtung viele Chancen entgehen.

Selektive Wahrnehmung: Wir neigen dazu, vor allem die Informationen wahrzunehmen, die unsere Meinung bestätigen. Man spricht hier auch vom „Vermeiden kognitiver Dissonanz". Diese Wahrnehmungsverzerrung gibt es in praktisch allen Bereichen. Sehr häufig begegnen wir ihr zum Beispiel bei gesellschaftlichen oder politischen Themen. Informationen, die im Widerspruch zu unserer Meinung oder unseren Vorstellungen stehen, werden verdrängt oder nicht so ernst genommen. Natürlich sind auch unsere Anlageentscheidungen davon beeinflusst: Uns springen vor allem Meldungen ins Auge, die unsere Meinung stützen, dass die neu entdeckte Aktie „ein Kauf" ist. Oder Berichte, die uns darin bestärken, an einem Verlustbringer festzuhalten, weil das Papier angeblich kurz vor dem Wendepunkt steht und dann richtig durchstarten wird. Es ist also wichtig, dass Sie sich umfassend informieren und auch nach Informationen schauen, die Ihrer Meinung widersprechen.

Overconfidence: „Habe ich es doch gewusst! Das war klar, dass die Aktie durch die Decke geht." Bestimmt haben Sie sich auch schon so oder so ähnlich geärgert. Sie hatten eine Aktie im Blick und eigentlich auch ein gutes Gefühl – aber dann zögerten Sie doch und kauften das Papier nicht. Vielleicht war es auch nicht das erste Mal,

ABGEHÄNGTER DAX

Es ist zwar emotional verständlich, auf den Dax zu schauen und auch verstärkt in ihn zu investieren. Schließlich gibt es eine große Nähe. Allerdings kann der Home Bias auch zu Lasten einer guten Streuung gehen. Und in den vergangenen Jahren entwickelte sich der Dax schlechter als der breit gestreute MSCI World. Ein Grund: Wachstumsstarke Tech-Werte sind im Dax kaum vertreten.

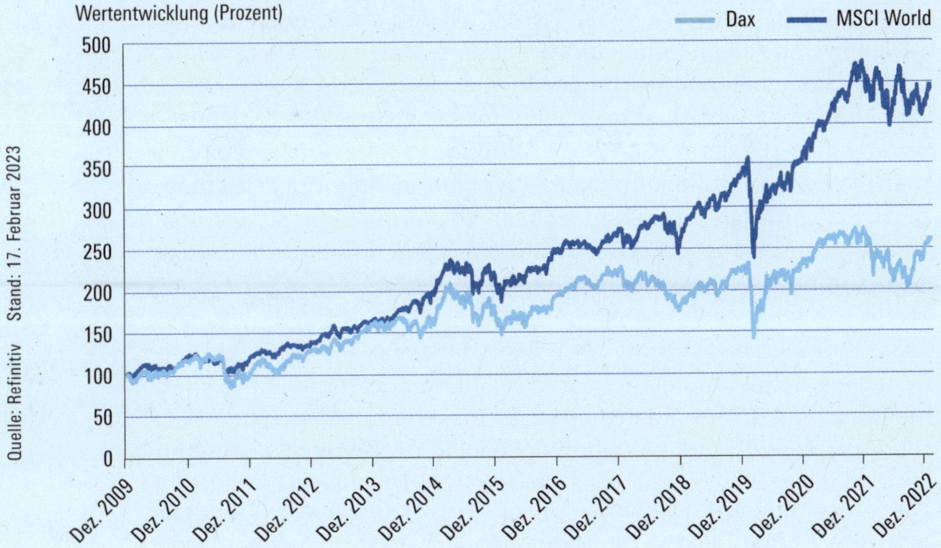

dass Sie scheinbar den richtigen Riecher hatten, und womöglich ging es auch schon ein paar Mal gut. Damit sind Sie auf dem besten Weg in die Overconfidence-Falle. Die besagt, dass wir uns selbst und unsere Fähigkeiten überschätzen. Nach ein paar guten Käufen glauben wir, dass in uns der nächste große Aktienspekulant steckt und wir die Märkte verstehen. Im Vertrauen auf unser angeblich untrügliches Bauchgefühl setzen wir dann große Summen auf einzelne Aktien – und wundern uns, wenn sich die Verluste häufen. Beim „Stock Picking" ist daher Vorsicht angebracht.

WENIGER DEPOTCHECKS, MEHR FREUDE

Wer nur alle zwölf Monate sein Depot prüft, hat mehr Freude als jemand, der täglich checkt: Anleger sehen dreimal häufiger Gewinne als Verluste. Auch das kann ein Weg sein, um sich nicht von seinen Gefühlen zu falschen Entscheidungen verleiten zu lassen. Die Grafik zeigt alle täglichen, monatlichen und jährlichen Gewinne und Verluste in Höhe von mindestens einem Prozent.

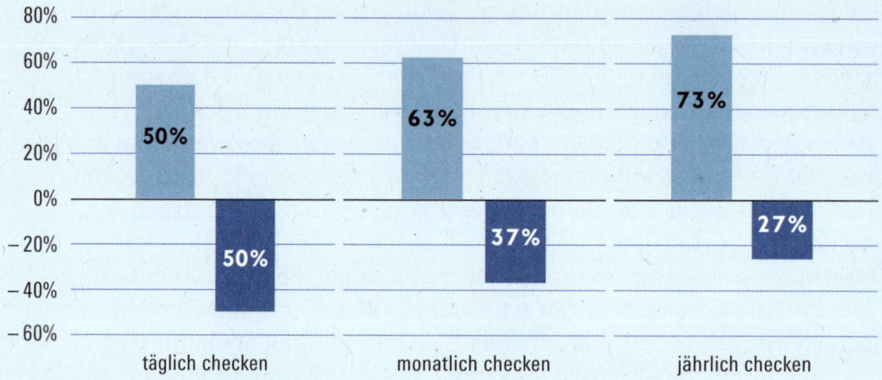

Quelle: Refinitiv (MSCI World), eigene Berechnungen
Zeitraum 31.12.1999 bis 31.08.2022.

Kontrollillusion: Wir sehnen uns nach der Kontrolle des Unkontrollierbaren. Überlegen Sie mal, was Sie zum Beispiel alles beim Würfeln versuchen, um eine hohe Zahl zu erreichen. Werfen Sie mit viel Schwung? Schütteln Sie besonders lange den Würfelbecher? Oder im Berufsalltag: Haben Sie vielleicht ein besonderes Ritual vor wichtigen Terminen? Leicht fallen wir wegen dieser Sehnsucht nach Kontrolle und Orientierung auf Analysten, Expertinnen oder selbst ernannte Börsengurus herein, die uns mit ihren Charts und Berechnungen den Eindruck vermitteln wollen, sie hätten den Durchblick. Oder wir glauben, wenn wir uns nur lange genug mit einer Aktie beschäftigen und sie nur gründlich genug analysieren, können wir Rückschläge ausschließen. Aber Börsenkurse lassen sich nicht vorhersagen. Diese Tatsache müssen wir leider akzeptieren und mit der Unsicherheit leben. Erliegen Sie also nicht der Kontrollillusion. Glauben Sie nicht, dass Sie eine Situation beherrschen können, die nicht vorhersehbar ist. Erwarten Sie das Unerwartete. Wir können die zukünftige Entwicklung der Märkte aufgrund ihrer Komplexität, Vernetztheit und Dynamik nicht sicher prognostizieren.

Verlustaversion: Mal angenommen, Sie brauchen Geld und Sie haben zwei Aktien, die Sie dafür verkaufen können. Eine Aktie steht im Plus und die andere im Minus. Von welcher würden Sie sich trennen? Verkaufen Sie die Aktie mit Gewinn oder akzeptieren Sie einen Verlust? Wenn man einmal genauer darüber nachdenkt, sollte der Kursstand bei der Entscheidung eigentlich gar keine Rolle spielen. Den Ausschlag sollte geben, welches Unternehmen die besseren Zukunftsaussichten hat. Aber so rational denken wir meistens nicht. Die Verlustaversion ist eine der großen Geldfallen an der Börse. Viel zu lange halten Anleger an Aktien von Unternehmen fest, die in der Krise stecken. Sie schauen dem Kurs beim Fallen zu, anstatt die nötigen Konsequenzen zu ziehen. Sie klammern sich an jeden Strohhalm, um einen Grund zu finden, nicht verkaufen zu müssen, und werden in ihrer Wahrnehmung immer selektiver. Denn solange die Verluste noch nicht realisiert sind, existieren sie erst mal nur auf dem Papier, und es besteht noch Hoffnung. In einem allgemeinen Börsenabsturz kann das Ausharren unter Umständen sinnvoll sein. Aktien, die mit dem gesamten Markt nach unten rauschen, sind wahrscheinlich nicht schlechter geworden, solange das Geschäftsmodell noch intakt ist. Wenn aber die eigene Aktie entgegen dem Markttrend fällt oder besonders stark verliert, könnte der Moment gekommen sein, einen Schlussstrich zu ziehen, statt weiter zu hoffen. Psychologisch ist dieses Verhalten nicht überraschend. Untersuchungen haben gezeigt: Verluste schmerzen etwa doppelt so sehr, wie Gewinne in gleicher Höhe erfreuen. Doch mit dieser „Vogel-Strauß-Taktik" bestraft man sich doppelt: Einerseits wachsen die Verluste, auf der anderen Seite fehlt das Geld, um in wirklich lukrative Chancen zu investieren. „Mein Ansatz funktioniert nicht, indem ich gültige Vorhersagen machen, sondern indem ich falsche Vorhersagen korrigieren kann", lautet ein Zitat, das dem Investor George Soros zugeschrieben wird und gut beschreibt, wie sich kluge Anlegerinnen und Anleger verhalten sollten.

DIE BÖRSENWEISHEIT „Gewinne laufen lassen, Verluste begrenzen" sollten Sie sich merken. Denn statt die Verluste zu begrenzen, begrenzen viele Anleger und Anlegerinnen die Gewinne. Vielen ist ein kleiner, sicherer Gewinn lieber als ein potenziell größerer, aber unsicherer Gewinn. So berauben sich Anleger großer Renditechancen. Wenn Gewinneraktien zu früh verkauft werden, spricht die Forschung vom Dispositionseffekt.

Ein einfaches Mittel, um Verluste zu begrenzen, sind Stoppkurse. Hier wird ein Verlustlimit festgelegt: Fällt die Aktie unter einen bestimmten Preis, wird sie automatisch verkauft. Diese Methode schützt zwar vor größeren Verlusten. Wie Sie auf Seite 136 lesen können, hat sie aber auch Schwächen.

Wie die richtige Anlagestrategie schützt

Viele Gefahren bedrohen den Anlageerfolg. Mit Disziplin und den richtigen Weichenstellungen bei der Anlagestrategie lassen sie sich aber umschiffen.

Bei der Geldanlage lauern zahlreiche Psychofallen. Sie sind ihnen aber nicht ausgeliefert. Seien Sie schlauer als viele Anleger und hinterfragen Sie immer wieder Ihre Anlageentscheidungen. Kluge Anleger blenden Gefühle wie Gier, Angst, Panik und Euphorie aus. Sie zeichnen sich dadurch aus, dass sie geduldig und diszipliniert ihrer Strategie folgen, auch wenn die Märkte verrückt spielen. Das klappt nur, wenn man die richtigen Erwartungen an die Börse hat: Kluge Anleger wollen nicht den schnellen Reichtum. Sie wissen: Es gibt keine Abkürzung, ohne übertrieben große Risiken einzugehen. Kluge Anleger erliegen nicht der Kontrollillusion. Sie akzeptieren die Unsicherheit, die die Geldanlage an der Börse mit sich bringt. Die Wirklichkeit ist zu komplex, um sie in Systeme und Formeln zu pressen.

Wenn Sie nach der von Finanztest empfohlenen Pantoffel-Strategie (test.de/pantoffel-portfolio) investieren und auf Welt-ETF setzen, sind Sie automatisch vor vielen Fallen an der Börse geschützt.

Breit diversifizieren, Home Bias vermeiden: Mit den passenden ETF investieren Sie auf einen Schlag in Hunderte oder gar Tausende Unternehmen auf der ganzen Welt (mehr Informationen finden Sie in „Breite Streuung schützt vor Tränen“ ab Seite 89). Deutschland ist natürlich auch dabei, aber nur zu einem kleinen Teil. Mit solchen ETF sind Sie also vor dem Home Bias geschützt, und die breite Streuung mindert Risiken. Gleichzeitig schützen Sie sich vor der Overconfidence. Es geht schließlich nicht darum, mit guten Einzelwerten den Markt zu schlagen. Das gelingt in aller Regel nicht. Meistens ist die Performance eher schlechter als der Markt. Mit einem ETF-Portfolio kann Ihnen das nicht passieren. Es erzielt die Marktrendite mit geringen Kosten. Das reicht, um langfristig zwar nicht an der Spitze, aber immer unter den besten Fonds zu liegen.

Mit Disziplin gegen Gier und Panik: Das Pantoffel-Portfolio schützt Sie vor Gefühlsentscheidungen. Sie kontrollieren das Portfolio regelmäßig und justieren nach, wenn der Aktienanteil zu groß oder zu klein geworden ist. Ist er zu groß, verkaufen Sie Aktien und bringen so Gewinne in Sicherheit. Ist er zu klein, kaufen Sie Aktien nach, wenn die Kurse gefallen sind. Dieses sogenannte antizyklische Investieren ist das Erfolgsgeheimnis hinter der Pantoffelidee. Auch wenn Sie regelmäßig über Sparpläne in die ausgewählten ETF investieren, legen Sie stressfrei an. Einmal eingerichtet, muss man sich um nichts mehr kümmern. Monat für Monat wird automatisch gespart. Nur bei Ungleichgewichten wird nachjustiert, und zwar immer nach festen Regeln. So können Sie als Anleger oder Anlegerin sichergehen, dass Gier und Panik keinen Platz in Ihren Entscheidungen haben. Sie müssen nur Ihrer Strategie treu bleiben.

Regelmäßig anlegen statt Market Timing: Es gibt immer scheinbar gute Gründe, warum man lieber noch ein bisschen abwartet, statt zu investieren. Mal scheint ein Kursabsturz in der Luft zu liegen, mal ist es die Angst, dass die Kurse nach einem Rücksetzer noch weiter fallen könnten. Und so bleibt man an der Seitenlinie und wartet auf den richtigen Moment zum Einstieg, während die Kurse immer weiter steigen oder sich nach einem Crash erholen. Das Pantoffel-Portfolio hebelt dieses Market Timing aus. Denn hier investieren Sie regelmäßig über einen Sparplan – egal, wo die Kurse stehen. Am Ende haben Sie nicht zum besten, aber auch nicht zum schlechtesten Kurs gekauft.

Modethemen liegen lassen: Erst schießen die Kurse steil nach oben – dann kommt jedoch der Absturz, weil sich viele Prognosen doch nicht erfüllen. Der Kursverlauf von Mode- oder Hypethemen läuft fast immer nach dem gleichen Muster ab. Auch hier bedrohen wieder Herdentrieb, Gier und Panik Ihr Vermögen. Halten Sie es daher einfach und konzentrieren Sie sich auf die verschiedenen Gestaltungsmöglichkeiten, die das Pantoffel-Portfolio bietet. Mit Weltpantoffel (Industriestaaten), Tigerpantoffel (Industrieländer mit Schwellenländern) und Goldpantoffel (Weltpantoffel ergänzt um eine Goldkomponente) können Sie Ihr Depot nach Ihren Wünschen justieren und sich dann entspannt zurücklehnen.

Vertrauen Sie auf Finanzwissenschaft und Börsengeschichte. Das Pantoffeldepot mit seiner Kombination aus Ertrags- und Sicherheitsbaustein hat seine Qualität unter Beweis gestellt. Die Rendite lag im Schnitt in den letzten 30 Jahren in der offensiven Ausrichtung mit einem Aktienanteil von 75 Prozent bei 5,7 Prozent im Jahr. Wer auf die defensive Variante setzte, kam auf ein Plus von 2,0 Prozent im Schnitt. Im Fall der ausgewogenen Variante mit einem Aktienanteil von 50 Prozent waren es 3,9 Prozent. Wenn es zwischenzeitlich mal runtergeht, brauchen Sie nicht beunruhigt zu sein. Ein breit diversifiziertes Depot wie das Pantoffeldepot wird sich von dem Absturz wieder erholen. Auch das hat die Vergangenheit gezeigt.

Ein gutes Gewissen kostet nicht mehr

10

Rendite auf Kosten der Umwelt oder anderer Menschen muss nicht sein. Für eine verantwortungsvolle Geldanlage gibt es viele Optionen ohne Nachteile bei der Performance.

Wer es kapiert, hat grün investiert

Die Frage, was eine nachhaltige Geldanlage ist, ist gar nicht so einfach zu beantworten. Es gibt Varianten und Abstufungen. Wir zeigen, woran Sie sich orientieren können.

Der Trend zur Nachhaltigkeit hat auch die Geldanlage erfasst. Immer mehr Menschen schauen nicht nur genau hin, wo Lebensmittel oder Kleidung herkommen und wie sie hergestellt werden. Sie möchten auch, dass ihre Investments zu ihren Werten und ihrer Haltung passen.

Die Politik bestärkt mit verschiedenen Initiativen den Trend zu mehr Nachhaltigkeit in Wirtschaft und Geldanlage. Die EU-Verordnung über nachhaltigkeitsbezogene Offenlegungspflichten im Finanzdienstleistungssektor (Sustainable Finance Disclosure Regulation, SFDR) etwa versucht, mehr Transparenz in Finanzprodukte zu bringen, indem Fonds und ETF danach klassifiziert werden, ob sie Nachhaltigkeitsaspekte bei der Auswahl der Titel berücksichtigen und ob die Aktien den sechs Umweltzielen der EU entsprechen.

DIE SECHS EU-UMWELTZIELE LAUTEN: Klimaschutz, Anpassung an den Klimawandel, nachhaltige Nutzung von Wasserressourcen, Übergang zu einer Kreislaufwirtschaft, Vermeidung von Umweltverschmutzung, Schutz und Wiederherstellung der Biodiversität und der Ökosysteme.

Wie aber lassen sich solche Nachhaltigkeitsaspekte fürs Depot umsetzen? Bei Einzelaktien war es prinzipiell schon immer möglich, auf Unternehmen zu verzichten, deren Geschäfte im Widerspruch zu den eigenen Werten stehen. Rüstungskonzerne sind dafür nur ein Beispiel. Schwieriger war das bei Fonds und ETF, die ja in eine Vielzahl von Werten investieren. Jedes in einem Fonds enthaltene Unternehmen selbst im Hinblick auf seine Nachhaltigkeit zu überprüfen war sehr mühselig bis praktisch unmöglich. Mittlerweile ist es einfacher geworden, sich ein Urteil zu bilden.

Die Bedeutung von ESG

Eine besondere Rolle spielen hierbei die sogenannten ESG-Kriterien. Die Abkürzung ESG steht für Environmental (Umweltschutz), Social (soziales Engagement) und Governance (gute Unternehmensführung). Es geht dabei um Fragen wie: Wie hoch ist der CO_2-Ausstoß? Wie gut sind die Mitarbeiter geschützt? Ergreift der Konzern wirksame Maßnahmen gegen Korruption?

Nachhaltige Geldanlage dreht sich also nicht nur um Umweltaspekte. Nachhaltigkeit hat hier insgesamt drei Dimensionen, die gleichermaßen wichtig sind. Auch Unternehmen, deren Aktivitäten oder Produkte nicht zum Umweltschutz beitragen wie zum Beispiel Einzelhändler oder Vertreter der IT- oder Finanzbranche, können gemäß den ESG-Kriterien als nachhaltig eingestuft werden.

Wichtige Informationen darüber, wie gut Konzerne diese ESG-Kriterien erfüllen, liefern vor allem Ratingagenturen, die Konzerne entsprechend bewerten. Bekannte Anbieter sind zum Beispiel Sustainalytics, ISS-ESG oder MSCI. Die Agenturen schauen sich etwa den CO_2-Ausstoß der Firmen an, analysieren die Lieferketten oder

DIE ESG-KRITERIEN

Die ESG-Kriterien beziehen sich nicht nur auf Umweltaspekte, sondern auch auf Soziales und gute Unternehmensführung.

E – ENVIRONMENTAL

Wie grün agiert ein Unternehmen?

Wie hoch ist die CO_2-Bilanz?

Wie hoch sind die Emissionen?

Wie sparsam geht das Unternehmen mit den Ressourcen um?

S – SOCIAL

Wie sind die Arbeitsbedingungen?

Gibt es faire Löhne?

Herrscht Gleichberechtigung?

Werden zentrale Arbeitsrechte eingehalten?

G – GOVERNANCE

Wie sind die Aufsichtsstrukturen?

Welche Kontrollprozesse gibt es?

Werden Informanten geschützt?

Was unternimmt die Firma gegen Korruption?

prüfen den Frauenanteil im Management. Das Ergebnis fließt dann in ein Bewertungssystem ein. Teilweise sind die Einschätzungen zumindest in Auszügen auch frei auf den Seiten der Ratingagenturen im Internet verfügbar. Die großen Vermögensverwalter haben oft auch eigene Abteilungen, die Firmen entsprechend bewerten.

NEBEN DER ABKÜRZUNG ESG gibt es noch zwei weitere Kürzel, die immer wieder auftauchen, wenn es um nachhaltige Geldanlage geht: SRI steht für Socially Responsible Investing. Hier stehen ethische Kriterien im Zentrum. CSR ist die Kurzform für Corporate Social Responsibility. Der Schwerpunkt liegt hier auf verantwortungsvollem Handeln des Unternehmens.

Wie wird Nachhaltigkeit umgesetzt?

Viele nachhaltige Fonds und ETF stützen sich bei der Auswahl ihrer Aktien auf Kriterien wie ESG oder SRI und beziehen sie in die Analyse mit ein. Besonders bekannt ist hierbei der Best-in-class-Ansatz. Dabei soll das Geld nur in die unter Nachhaltigkeitsgesichtspunkten besten Unternehmen einer Branche fließen.

Allerdings findet man in Fonds und ETF, die nach diesem Prinzip selektieren, auch oft Überraschungen. So können sich in den Fonds Aktien von Minenbetreibern, Fluggesellschaften oder Tabakkonzernen befinden, also Unternehmen, die eher nicht im Ruf einer guten Umweltbilanz oder Nachhaltigkeit stehen. Es geht eben nicht darum, ob das, was die Unternehmen produzieren, nachhaltig ist. Im Vordergrund steht, dass sie ihre Geschäfte nachhaltiger betreiben als die Wettbewerber.

Um solche Widersprüche zu vermeiden, findet man deshalb oft den Best-in-class-Ansatz in Kombination mit Ausschlusskriterien. Dabei investieren Fonds und ETF konsequent nicht in bestimmte Branchen. Dazu gehören häufig Rüstung, Waffen, Tabak, Alkohol, Glücksspiel, Pornografie, Gentechnik, fossile Brennstoffe und Nuklearenergie. Firmen, die damit in gewissem Umfang Geld verdienen, sind aus dem Anlageuniversum ausgeschlossen.

Verbreitet sind daneben bei der nachhaltigen Geldanlage Themeninvestments: Bei diesem Ansatz werden die Aktien entlang eines Oberthemas ausgewählt, das auf den Nachhaltigkeitsgedanken einzahlt. Erneuerbare Energien, E-Mobilität oder Klimaschutz sind Beispiele für solche Themeninvestments.

Nachhaltige Fonds finden

Da der Blick in die einzelnen Auswahlkriterien von Fonds und ETF etwas mühsam sein kann, gibt es inzwischen verschiedene Labels und Siegel, die bei der Suche helfen können, etwa das Siegel des Forums Nachhaltige Geldanlage (FNG). Mit ihm werden seit 2015 nachhaltige Fonds ausgezeichnet. Bis zu drei Sterne können vergeben werden.

Finanztest überprüft und bewertet ETF und Fonds ebenfalls nach Nachhaltigkeitskriterien. Fonds durchlaufen dabei einen mehrstufigen Auswahlprozess. Geprüft werden zum einen Ausschlusskriterien. 29 Kriterien fließen in die Bewertung ein. Dazu gehören zum Beispiel fossile Brennstoffe, Atomkraft, Massentierhaltung, Waffen und Menschenrechtsverletzungen. In die Gesamtbeurteilung fließt ebenfalls mit ein, welche Auswahlstrategien der Fondsanbieter verfolgt und wie streng er bei der Auswahl vorgeht. Strenge Fonds erhalten fünf Nachhaltigkeitspunkte, weniger strenge nur einen. Die Bewertung sowie die Auflistung der Ausschlusskriterien und Auswahlstrategien bieten einen guten Überblick über die Vielfalt der nachhaltigen Fonds. Anleger und Anlegerinnen finden schnell heraus, welcher Fonds ihren Vorstellungen am besten entspricht. In der Fondssuche unter test.de/fonds und unter test.de/nachhaltige-fonds (mit Flatrate kostenfrei) findet man das Ergebnis der Analysen.

Nachhaltig investieren mit ETF und Fonds

Wer sein Geld nach nachhaltigen Kriterien anlegen will, kann aus einer großen Zahl an ETF und Fonds wählen. Wichtig ist, genau auf die Auswahlkriterien zu schauen.

Das steigende Interesse der Anleger für nachhaltiges Investieren ist den Anbietern von Fonds und ETF natürlich nicht entgangen. Und so wächst die Zahl der Möglichkeiten stetig an. Beliebt bei Indexanbietern ist, bestehende Indizes nach Nachhaltigkeitskriterien zu filtern. Unternehmen, die nicht die Bedingungen erfüllen, werden aussortiert. Als Anleger können Sie entsprechende ETF auf diese Indizes erwerben. Den Index gibt es dann mehrfach: einmal in der „klassischen" Version und in verschiedenen gefilterten Varianten.

Oftmals haben Sie die Wahl, wie streng die ESG-Filter angewendet werden sollen. Vom MSCI World zum Beispiel gibt es verschiedene Nachhaltigkeitsversionen. Dabei reduziert sich auf jeder Filterstufe die Zahl der Aktien. Während es aber unter den aktiv gemanagten Fonds sehr strenge Nachhaltigkeitsfonds gibt, sind ETF bisher selbst auf der strengsten Filterstufe des Indexanbieters nach den Nachhaltigkeitskriterien von Finanztest maximal mittelstreng. Zu den mittelstrengen gehören zum Beispiel ETF auf Varianten des MSCI World SRI Index. Beispielsweise bietet UBS einen ETF auf den MSCI World SRI Low Carbon Select 5% Issuer Capped Index. Hier ist der Anteil von einzelnen Aktien auf maximal fünf Prozent begrenzt und der Kampf gegen den Klimawandel bei der Auswahl der Unternehmen noch einmal besonders betont. Rund 380 Konzerne erfüllen diese Bedingungen. Ähnlich streng sind die Indizes MSCI World Select ESG Rating and Trend Leaders, auf den Lyxor einen ETF anbietet, sowie MSCI World SRI Select Reduced Fossil Fuels mit einem ETF von iShares. Die genannten ETF erhalten drei Nachhaltigkeitspunkte (von fünf) und zudem die Auszeichnung „1. Wahl" für eine angemessen breite Streuung.

Wer es breiter mag, ist auch mit dem MSCI ACWI SRI Low Carbon Select 5% Issuer Capped Index gut beraten. In diesem Index mit rund 550 Mitgliedern sind auch noch nachhaltige Unternehmen aus den Schwellenländern enthalten. Auch hier bewerten wir den ETF der UBS mit „1. Wahl“ (IE00BDR55471) (Stand: März 2023). Weitere empfehlenswerte Nachhaltigkeits-ETF finden Sie im Anhang.

Auf Umweltthemen setzen

Neben den abgewandelten Weltindizes können Sie auch in spezielle ETF investieren, die auf ökologische Themen setzen. Die Möglichkeiten sind vielfältig und reichen von Elektromobilität bis saubere Energie. Hier können Sie also auf einen Schwerpunkt setzen, von dessen Zukunftsaussichten Sie überzeugt sind.

Blenden Sie dabei aber nicht die Schwierigkeiten aus. Naturgemäß sind Themen-ETF weniger breit diversifiziert als Welt-ETF. Sie konzentrieren sich auf eine oder nur wenige Branchen. Zudem bewegt sich die Zahl der Mitglieder häufig nur im zweistelligen Bereich, und der Auswahl liegt nicht zwangsläufig eine ESG-Filterung zugrunde. Es können also auch Firmen mit einem niedrigen Rating Teil dieser ETF sein. Schließlich konzentrieren sich die meisten Themen-ETF nur auf Teilbereiche des ESG-Gedankens, häufig auf das E, also den Umweltaspekt. Das S (Social) und das G (gute Unternehmensführung) bleiben bei der Auswahl mitunter außen vor.

Ein Beispiel für einen solchen Umwelttechnologie-ETF ist der iShares Global Clean Energy (IE00B1XNHC34). Er bildet den S&P Global Clean Energy Index ab. Mit 99 Einzelwerten ist er für einen Themen-ETF schon relativ groß. Der Index umfasst nicht nur Hersteller von Windkraft- oder Solaranlagen. Auch Zulieferer wichtiger Elektronikkomponenten sind dabei und Firmen aus den Bereichen Wasserstoff und Brennstoffzellen. In eine ähnliche Richtung geht der Lyxor MSCI New Energy ESG Filtered (FR0010524777).

Von der Energiewende zur Verkehrswende: Auch in das Thema Elektromobilität und Zukunft der Mobilität können Sie gezielt mit speziellen ETF investieren. Batteriehersteller, E-Autobauer oder Zulieferer wichtiger Komponenten sind in diesen ETF vertreten. Beispiele aus diesem Bereich sind der iShares Electric Vehicles and Driving Technology (IE00BGL86Z12), der Xtrackers Future Mobility (IE00BGV5VR99) und der Lyxor MSCI Future Mobility ESG Filtered (LU2023679090).

Ein dritter großer Bereich ist das Thema Wasser und Wasserversorgung. Hier können Sie in Unternehmen aus den Bereichen Wasserinfrastruktur, Wasseraufbereitung und Wasserversorgung investieren. Als ETF kommen zum Beispiel der Lyxor MSCI Water ESG Filtered (FR0010527275) und iShares Global Water (IE00B1TXK627) infrage. Beide ETF sind jedoch relativ klein. Der Wasser-ETF von Lyxor umfasst nur 35 Unternehmen. Der ETF von iShares zählt immerhin 50 Mitglieder.

Anlegen mit nachhaltigen Fonds

Selbstverständlich können Sie auch über eine große Auswahl an aktiv gemanagten Fonds in grüne Aktien investieren. Hier wählen Fondsmanager und Fondsmanagerinnen die Positionen aus. Dabei stützen sie sich oft auf Ratingagenturen, teilweise legen sie in einem zweiten Schritt auch noch eigene (strengere) Maßstäbe an. Große Fondsgesellschaften verfügen auch über eigene ESG-Research-Teams. Außerdem nehmen die Fondsverantwortlichen immer wieder die Möglichkeit wahr, direkt auf die Vorstände von Unternehmen Einfluss zu nehmen, sei es in persönlichen Gesprächen, sei es durch das Abstimmungsverhalten auf den Hauptversammlungen. Diese Option haben natürlich auch ETF-Anbieter.

Unter Nachhaltigkeitsgesichtspunkten schneiden in unseren Vergleichen aktiv gemanagte Fonds deutlich besser ab als grüne ETF. Bei den Fonds gibt es einige, die auf vier Punkte und mehr kommen. Die Höchstbewertung von fünf Punkten erhielten von uns fünf Fonds (Stand März 2023):

Ökoworld ÖkoVision Classic (LU0061928585)
Security Superior 6 Global Challenges (AT0000A0AA78)
Universal GLS Bank Aktienfonds (DE000A1W2CL6)
Ampega terrAssisi Aktien I AMI (DE0009847343)
Monega Steyler Fair Invest Equities (DE000A1JUVL8)

Eine gute Nachhaltigkeitsbewertung ist jedoch nicht gleichbedeutend mit einem überzeugenden Anlageerfolg. Wie bei konventionellen Fonds gibt es auch bei nachhaltigen Fonds gute und schlechte. Achten Sie daher nicht nur auf die Bewertung der Nachhaltigkeit, sondern auch auf die Bewertung des Anlageerfolgs. Aktiv gemanagte nachhaltige Fonds finden Sie ebenfalls in der Übersicht im Serviceteil dieses Buches auf Seite 173.

Für was Sie sich auch entscheiden – ob ETF oder Fonds –, es gibt keinen Grund für einen systematischen Rendite-Nachteil einer nachhaltigen Geldanlage (siehe Tabelle unten).

GRÜN SCHLÄGT SICH BESSER

Die Pantoffelportfolios in der grünen Variante schneiden sowohl auf kurze Sicht – mit einer Ausnahme – als auch langfristig leicht besser ab als die herkömmlichen Depots. Bei den Risiken gibt es leichte Vorteile: Das Minus war in den schlechtesten Jahren nicht ganz so groß, und auch die Verlustdauer war – mit Ausnahme der Schwellenländerportfolios – kürzer. Basis für die Berechnung ist ein Portfolio mit einer Aktienquote von 50 Prozent.

	Renditen (Prozent p. a.)					Risiken	
	10 Jahre	7 Jahre	5 Jahre	3 Jahre	1 Jahr	Schlechteste Jahresrendite (%)	Längste Verlustdauer (Monate)
Welt-Pantoffel[1)]							
Klassisch	6,4	4,5	5,1	5,8	–1,6	–4,8	17
Nachhaltig (SRI)	6,8	5,5	6,0	6,5	–1,2	–4,6	17
Europa-Pantoffel[2)]							
Klassisch	4,2	1,9	2,1	2,1	–3,3	–7,2	22
Nachhaltig (SRI)	5,0	2,9	3,4	3,0	–4,4	–4,7	21
Kleiner-Tiger-Pantoffel[3)]							
Klassisch	5,7	4,2	4,7	4,7	–2,4	–5,2	17
Nachhaltig (SRI)	6,5	5,0	5,7	6,5	–2,0	–4,7	19
Großer-Tiger-Pantoffel[4)]							
Klassisch	5,5	4,0	4,5	4,5	–2,8	–5,5	17
Nachhaltig (SRI)	6,3	4,8	5,6	6,2	–2,5	–5,2	19

Aktienanteil jeweils 50 Prozent des Portfolios.
1) ETF auf MSCI World bzw. MSCI World SRI.
2) ETF auf MSCI Europe bzw. MSCI Europe SRI.
3) ETF auf MSCI ACWI bzw. MSCI ACWI SRI.
4) ETF auf MSCI World bzw. MSCI World SRI (40 Prozent) und ETF auf MSCI EM bzw. MSCI EM SRI (10 Prozent).

Quellen: Refinitiv, eigene Berechnungen. Stand: 30. Juni 2022

Tücken beim nachhaltigen Investieren mit ETF und Fonds

Für Anleger und Anlegerinnen ist also die gute Nachricht, dass sie bei der Performance keine Abstriche machen müssen, wenn sie ihr Depot nachhaltig ausrichten. Aus Portfoliogesichtspunkten ist es allerdings wichtig, auf einige Aspekte hinzuweisen, die mit der Ausrichtung auf den Nachhaltigkeitsgedanken einhergehen.

Es gibt einen allgemeinen Zwiespalt zwischen nachhaltig investieren und breit diversifizieren. Denn durch den Ausschluss mancher Unternehmen oder gar ganzer Branchen wird das Anlageuniversum natürlich kleiner. Je strenger die Nachhaltigkeitskriterien angelegt werden, desto weniger diversifiziert kann man investieren. Hier ist es also wichtig, einen guten Kompromiss zu finden. So sind die grünen Varianten der Welt-ETF zwar deutlich kleiner als die ungefilterten Versionen, umfassen aber immer noch viele Hundert Titel. Bei ausreichender Streuung über Länder und Branchen ist die Titelanzahl aber durchaus ausreichend, und auch Öko-ETF werden von uns als „1. Wahl" empfohlen.

Ein weiterer wichtiger Punkt: Weil grüne Geldanlage boomt, fließt immer mehr Geld in Aktien mit einem guten Nachhaltigkeitsrating. Das bedeutet aber nicht, dass die Geschäfte dieser Unternehmen in einem ähnlichen Umfang zulegen. Das Risiko ist also, dass die Bewertungen dadurch steigen – und damit auch die Gefahr von Kursverlusten, wenn die Firmen diese Erwartungen nicht erfüllen können. Manche sprechen hier auch vom Risiko einer „grünen Blase", die sich aufbläht. Bei milliardenschweren Konzernen ist die Gefahr dabei allerdings deutlich geringer als bei Unternehmen mit niedrigem Börsenwert.

Und natürlich gilt auch bei nachhaltigen ETF und Fonds der Rat, einen Blick auf die Aktien zu werfen, in die das Geld fließt. Zwar erfüllen sie die jeweils angelegten Nachhaltigkeitskriterien, wobei es hier noch immer sehr unterschiedliche Meinungen gibt, was „nachhaltig" bedeutet. Aber Anlegerinnen, die in nachhaltige Aktien investieren wollen, sollte eines klar sein: Nur weil ein Unternehmen mit seinen Geschäften die Umwelt wenig belastet, bedeutet das noch nicht, dass es auch etwas für eine bessere Umwelt tut. In vielen Fonds und ETF tummeln sich Unternehmen aus der Finanzbranche oder dem IT-Sektor. Ihrem Geschäft ist, verglichen mit einem Industriekonzern oder einem Autobauer, eine geringere Umweltbelastung inhärent. Hier sollten Sie also wirklich prüfen, ob das Anlageprodukt das liefert, was Sie erwarten.

Nicht zuletzt gehört leider auch zur Wahrheit, dass viele Versprechen rund um nachhaltige Geldanlage oft nur Marketing sind. Immer wieder wird in den Broschüren von Banken und Fonds so getan, als würden die Anleger mit dem Kauf eines grünen ETF oder eines grünen Fonds etwas für die Umwelt oder gegen den Klimawandel tun.

Das lässt sich durchaus kritisch sehen. Durch den Kauf einer Aktie eines Solaranlagenbauers werden nicht mehr Solaranlagen installiert. Auch dem Unternehmen fließt kein Geld zu, weil die Aktien ja über die Börse gehandelt werden. Man kann natürlich argumentieren, dass sich das Management durch einen steigenden Aktienkurs in seinem Nachhaltigkeitskurs bestätigt sieht. Experten sehen auch die Gefahr, dass sich Konzerne von problematischen Geschäftsfeldern trennen, um grüner und damit attraktiver für Anleger zu sein. Das heißt, sie verkaufen diese Sparten zum Beispiel an Beteiligungsgesellschaften und andere Finanzinvestoren. Die Geschäfte laufen also weiter, nur abseits der Börse und dem kritischen Blick von Aktionären weitgehend verborgen. Ein positiver Beitrag zu mehr Nachhaltigkeit wird so natürlich nicht geleistet. Trotzdem gibt es eine Wirkung: Je mehr Interesse an einer Aktie besteht, desto höher steigt ihr Kurs. Je höher der Aktienkurs, desto besser das Gehalt der Manager. Das kann Unternehmen durchaus zum Umdenken bewegen – genauso wie das Gegenteil: Die Aktienkäufe gehen deutlich zurück.

Aktionäre haben außerdem die Möglichkeit, Einfluss auf das Management zu nehmen, etwa auf der Hauptversammlung, aber auch in direkten Gesprächen. Gerade große Investoren wie Fondsgesellschaften können mit diesem Engagement Druck ausüben und Veränderungen anstoßen. In welchem Umfang die Anbieter Engagement betreiben und wie transparent sie dabei sind, können Sie in unseren Tabellen unter test.de/nachhaltige-fonds erkennen.

Ob also das Investieren nach Nachhaltigkeitskriterien wirklich die erhofften Wirkungen hat, muss sich zeigen. Sie können jedoch relativ sicher sein, dass Sie mit „grünen" beziehungsweise nachhaltigen Aktien keine Rendite auf Kosten der Umwelt oder mit dem Leid anderer Menschen erzielen. Denken Sie auf alle Fälle das Thema ganzheitlich, wenn Sie wirklich etwas verändern wollen. Sie haben nicht nur als Anleger Macht, sondern auch als Konsument mit Ihren Einkaufsentscheidungen.

Wer die Ruhe bewahrt, den belohnt der Crash

Die Frage ist nicht, ob, sondern wann der nächste Crash kommt. Wer sein Depot klug zusammengestellt hat, kann gelassen bleiben – und besondere Chancen nutzen.

In der Krise zeigt sich, wer das Zeug zum Anleger hat

Kursverluste sind eine Nervenprobe für Anleger. Aber nicht jeder muss zittern. Mit einem stabilen Depot lässt sich der Crash nutzen.

Wer an der Börse investieren will, muss sich klarmachen: Kursabstürze gehören leider zum Anlegerleben dazu. So bitter es ist: Der nächste Aktiencrash wird kommen. Das steht fest. Neben kleineren Rückschlägen rumst es alle paar Jahre richtig heftig an der Börse (siehe Tabelle Seite 131).

Was so einen Absturz oder gar einen Crash – also einen massiven Kursrückgang innerhalb nur weniger Tage – auslöst, ist schwer vorherzusagen. Zinserhöhungen der Notenbanken, Rezessionen oder externe Schocks wie Kriege, spektakuläre Pleiten, Terroranschläge oder wie im Jahr 2020 die Angst vor einer globalen Pandemie können einen Ausverkauf an den Märkten einläuten. Sehr oft allerdings kommt der Auslöser scheinbar aus dem Nichts.

Gemeinsam ist vielen Rückschlägen aber oft die Ausgangslage, auf die dieser Schock oder dieses Ereignis trifft. Eine hohe Bewertung an den Märkten oder bestimmter Sektoren ist die klassische Zutat für einen Crash. Mit der Höhe der Bewertung steigt die Wahrscheinlichkeit für eine Korrektur. Die hohe Bewertung geht meistens mit einer euphorischen Stimmung einher. Je besser die Laune der Anleger, desto mehr Risiken gehen sie häufig ein.

Allerdings: Auch wenn es so aussieht, als ob sich an den Märkten etwas zusammenbraut – man kann nicht vorhersagen, wann der Rücksetzer kommt und wie heftig er wird. Es gibt immer gute Gründe, nicht zu investieren, und es vergeht kaum eine Woche, ohne dass jemand vor einem großen Absturz warnt. Doch wer aus Angst vor einem Kursabsturz an der Seitenlinie bleibt, lässt sich möglicherweise Jahre an Kursgewinnen entgehen. Ein Crash ist zwar spektakulär, aber deutlich seltener, als manche Untergangspropheten glauben machen wollen.

„WEIT MEHR GELD wurde beim Warten auf Marktkorrekturen verloren als in den Korrekturen selbst", wie Peter Lynch, einer der großen Fondsmanager des 20. Jahrhunderts, einmal sagte. Dieses Zitat sollte sich jeder Anleger, jede Anlegerin zu Herzen nehmen. Niemand kann sagen, wann es zu einem Crash kommt. Während ängstliche Anleger auf den Absturz warten, steigen die Kurse immer weiter. Die entgangenen Gewinne übersteigen dann oft die Verluste, wenn der Einbruch tatsächlich kommt.

Die Märkte werden sich wieder erholen

Und vor allem: Es ist kein Weltuntergang, wenn es dann tatsächlich scheppert. Es ist natürlich belastend und ängstigend, wenn die Kurse fallen und sich die Verluste häufen. Leicht möchte man alles hinschmeißen und verkaufen nach dem Motto: „Lieber ein Ende mit Schrecken als ein Schrecken ohne Ende."

Wer jedoch breit gestreut investiert ist und einen langen Anlagehorizont besitzt, hat wenig zu befürchten. Selbst die schlimmsten Börsenabstürze hat der Markt mit der Zeit wieder ausgeglichen. Im Corona-Crash war schon nach knapp zehn Monaten das alte Niveau wieder erreicht. In der Finanzkrise von 2007/2008 waren es fünf Jahre, und es dauerte immerhin 13 Jahre, bis wieder der Stand von vor dem Platzen der Dotcom-Blase erreicht war. Aber auch dieser massive Absturz um 60 Prozent wurde ausgeglichen.

Tatsächlich zeigen Untersuchungen, dass in der Vergangenheit das Verlustrisiko eines marktbreiten Depots auf Sicht von gut 13 Jahren praktisch bei null lag (siehe Grafik auf Seite 30). Mit einem langen Anlagehorizont und einem breiten Depot brauchen Sie also Börsenabstürze nicht zu fürchten.

Mit Reserven und der Streuung Ihrer Geldanlage etwa über ETF und verschiedene Vermögensklassen sorgen Sie dafür, dass Ihnen ein Crash nicht dauerhaft schadet. Denn so verteilen Sie Ihr Risiko. Wenn Sie über ETF wie zum Beispiel auf den MSCI World in mehr als tausend Aktien investieren, fällt das einzelne Unternehmen kaum ins Gewicht (mehr dazu erfahren Sie in „Breite Streuung schützt vor Tränen“ ab Seite 89).

Wichtig ist nur, dass Sie nicht zwischendrin verkaufen müssen. Durch den Verkauf von Aktien im Minus realisieren Sie Verluste, die bis dahin nur auf dem Papier existiert haben. Es besteht also nicht mehr die Chance, dass eine Kurserholung die Verluste wieder ausbügelt. Deswegen ist es wichtig, dass Sie Reserven haben und immer nur das Geld investieren, das Sie in den nächsten Jahren nicht brauchen. Sie brauchen also einen langfristigen Anlagehorizont.

AUSGEWÄHLTE AKTIENCRASHS

Immer wieder kam es in der Vergangenheit zu mehr oder weniger heftigen Einbrüchen am Aktienmarkt, wie diese Auswahl für die letzten rund 50 Jahre zeigt. Sie waren aber immer nur Unterbrechungen zu neuen Höchstständen und nach einigen Jahren wieder aufgeholt.

Maximaler Verlust	Jahr	Auslöser	Jahre bis zur vollständigen Erholung
Minus 60 %	2000	Platzen der Dotcom-Blase	13
Minus 54 %	1973	Ölpreiskrise	7
Minus 53 %	2007	Finanzkrise	5
Minus 40 %	1989	Black Friday (13.10.89): United-Airline-Crash, Juli 1990: Irak marschiert in Kuwait ein	4
Minus 34 %	2020	Corona-Krise	1
Minus 31 %	1987	Black Monday (19.10.87): Krise durch automatisierten Handel	2
Minus 26 %	1970	US-Invasion in Kambodscha, Tech-Aktien-Crash	1
Minus 23 %	1998	Asiatische und russische Finanzkrise	1

Quelle: Berechnungen auf Basis des MSCI World

Der Crash als Chance

Wenn Sie die Ruhe bewahren, können Sie von Kursabstürzen sogar profitieren. Sehen Sie die Gelegenheiten, die ein Kursabsturz bietet! Aktien sind wieder günstiger zu haben. Wer also nicht in Panik verfällt und die Ruhe bewahrt, kann am Ende sogar mit einer höheren Rendite dastehen, als wenn es den Einbruch nicht gegeben hätte. Vor allem zu Beginn der Investitionsphase kann sich ein fallender Markt als Rendite-Push erweisen (siehe Tabelle unten). Die Voraussetzung ist, nicht die Nerven zu verlieren. Kaufen Sie am besten regelmäßig weiter, zum Beispiel über monatliche Sparpläne. So nutzen Sie den Einbruch, um günstig einzukaufen.

Wenn Sie noch nicht investiert sind, ist ein Crash eine gute Gelegenheit, in den Aktienmarkt einzusteigen. Versuchen Sie jedoch nicht, den perfekten Zeitpunkt zu erwischen und am Tiefpunkt zu kaufen. Das gelingt in aller Regel nie. Niemand weiß, ob der Markt noch weiter fällt oder schon morgen dreht. Erholungsrallys kommen oft unerwartet weit vor dem Ende der eigentlichen Krise und können am Anfang sehr dynamisch sein.

Stückeln Sie lieber die angedachte Summe und investieren Sie zu verschiedenen Zeitpunkten, wenn Sie sich unsicher sind. Wenn der Markt dreht, sind Sie zumindest mit einem Teil Ihres Geldes dabei. Wenn er weiter fällt, haben Sie noch etwas übrig, um nachkaufen zu können.

BESSER DRAN MIT CRASH

Selbst wenn die Kurse um 60 Prozent einbrechen, schadet das dem Vermögensaufbau in unserer Beispielrechnung nicht. Im Gegenteil: Sparer haben am Ende sogar mehr Vermögen, als wenn es keinen Crash gegeben hätte.

		Crash nach …					
	Kein Crash	**1 Jahr**	**5 Jahren**	**15 Jahren**	**20 Jahren**	**25 Jahren**	**28 Jahren**
Einbruch 40 %	172 109	194 728	189 365	180 881	178 363	176 568	175 770
Einbruch 60 %	172 109	219 433	208 212	190 462	185 194	181 439	179 768

Quelle: eigene Berechnungen (100 Euro mtl. Sparrate, Marktrendite 7 Prozent p. a. über 35 Jahre), Annahme: Einbruch ist nach sieben Jahren aufgeholt.

Mit Rebalancing das Depot stabilisieren

Ruhe bewahren, Panikverkäufe vermeiden – damit kommen Sie auf jeden Fall gut durch die Krise. Und es gibt noch eine dritte wichtige Strategie, um Crashs besser zu bewältigen: das sogenannte Rebalancing. Beim Rebalancing – auch Umschichten genannt – geht es darum, dass Sie regelmäßig die ursprünglich gewählte Gewichtung in einem Depot wiederherstellen. Aus gutem Grund haben Sie sich ja für ein gewisses Verhältnis aus risikobehafteten und risikoärmeren Anlagen entschieden, mit dem Sie Ihren persönlichen Anlagezielen und Ihrer persönlichen Risikoneigung Rechnung tragen.

Mit der Zeit gerät aber die gewählte Ausbalancierung des Depots aus dem Gleichgewicht. Manche Komponenten entwickeln sich besser als andere. Boomt der Aktienmarkt, gewinnt der Risikoteil Ihres Depots stark an Wert und das ursprünglich gewählte Verhältnis ist nicht mehr gegeben. Das Risikoprofil Ihres Portfolios ändert sich also. Es wird mit der Zeit immer risikoreicher. Es wird dann Zeit für ein Rebalancing. Das Umschichten ist also ein Risikomanagementinstrument: Der Renditebaustein und der Sicherheitsbaustein werden wieder ins richtige Verhältnis gebracht.
Für die Umsetzung haben Sie verschiedene Möglichkeiten:

1. Sie verkaufen einen Teil des Anteils, der ein zu großes Gewicht bekommen hat, und investieren die Summe in den Anteil, der unter das gewünschte Maß gesunken ist.

2. Haben Sie Reserven, die Sie investieren wollen, geht ein größerer Anteil in den geschrumpften Teil Ihres Depots.

3. Als dritte Möglichkeit können Sie bei einem Sparplan die Aufteilung Ihres monatlichen Sparbetrags ändern. Behalten Sie die neue Gewichtung bei, bis in Ihrem Depot die Größenverhältnisse wieder stimmen. Dann stellen Sie die alte Verteilung Ihres Sparplans wieder her.

Es hat sich bewährt, eine gewisse Bandbreite zu definieren, innerhalb derer die Gewichtung der Portfoliokomponenten um ihre Zielallokation schwanken darf. Erst wenn ein Baustein diesen Wert über- oder unterschreitet, müssen Sie aktiv werden. Sollten Sie Ihr Depot nach den Prinzipien des von Finanztest empfohlenen Pantof-

AUS DER BALANCE

Die Tabelle zeigt die Wunschgewichtung in drei Depots. Die Aufteilung der Anlagesumme auf den Renditebaustein (hier MSCI World) und den Sicherheitsbaustein (Tagesgeld) spiegelt die Risikoneigung. Mit der Zeit verändert sich durch die Marktentwicklung das Verhältnis: Steigende Aktienkurse lassen den Renditebaustein wachsen. Ohne Umschichten wird damit das Depot immer riskanter.

	Startaufteilung		Ohne Umschichten	
	Weltaktien-ETF	**Tagesgeld**	**Weltaktien-ETF**	**Tagesgeld**
Defensiv	25%	75%	33%	67%
Ausgewogen	50%	50%	85,20%	14,80%
Offensiv	75%	25%	94,50%	5,50%

Quelle: Refinitv, eigene Berechnungen; Anlagedauer von 30 Jahren

fel-Portfolios konstruiert haben, also auf einen aktienbasierten Renditebaustein und einen Sicherheitsbaustein setzen, ist ein Rebalancing bei einer Abweichung von zehn Prozentpunkten eines Bausteins ratsam. Mindestens einmal im Jahr sollten Sie die Zusammensetzung überprüfen und gegebenenfalls handeln.

Was hat nun Rebalancing mit dem Thema „Crash" zu tun? Einen Aspekt haben Sie schon gelesen: Sie vermeiden, dass Ihre Geldanlage mit der Zeit immer risikoreicher wird. Kommt es zu einem Crash, erleben Sie also keine böse Überraschung. Die Crash-Verluste sind anteilig nicht höher als einkalkuliert.

Durch das regelbasierte Umschichten können Sie aber auch einen Teil der Gewinne Ihres Renditebausteins abschöpfen. Denn auch, wenn Sie sich abgesichert haben: Es ist schmerzhaft, wenn ein Kurseinbruch all die Zugewinne dahinschmelzen lässt. Verkaufen Sie aber immer wieder einen Teil der Aktiengewinne und legen das Geld in den Sicherheitsbaustein, realisieren Sie die Gewinne. Ein Crash kann sie Ihnen dann nicht mehr nehmen.

Auf der anderen Seite stärken Sie Ihren Renditebaustein, wenn die Kurse fallen. Durch die Verluste sinkt seine Gewichtung im Portfolio, und der Anteil des Sicherheitsbausteins wächst. Auch hier stellt die Umschichtung die ursprüngliche Aufteilung her. Das heißt, der Renditebaustein wird gestärkt. Auf diese Weise profitieren Sie in größerem Maß von einer Erholung der Kurse. Sie sorgen dafür, dass Sie gut „aus dem Crash kommen".

Dieses antizyklische Handeln ist psychologisch natürlich nicht einfach: Bei steigenden Kursen verkauft man, was gerade gut läuft. Wenn die Kurse am Boden sind, investiert man in das, was gerade überhaupt keine Freude macht. Instinktiv würden es die meisten Anleger wohl genau andersherum machen. Allerdings zahlt sich diese Disziplin aus. Langfristig kann Rebalancing die Rendite erhöhen, wie Sie an der Grafik auf Seite 137 sehen können.

Aktien im Crash

Die bisherigen Erläuterungen bezogen sich vor allem aufs passive Investieren über ETF. Wichtige Grundprinzipien wie Ruhe bewahren gelten natürlich auch für Anleger, die eher aktiv mit Einzelaktien investieren. Sie sind aber in Krisenphasen noch einmal ganz besonders gefordert. Denn anders als bei Anlegern, die auf ETF setzen, steckt ihr Geld in aller Regel nur in einer überschaubaren Zahl an Werten.

Die Vorbereitung auf den Crash muss deswegen eigentlich schon beim Kauf beginnen, bei der Auswahl der Aktien. Ein hohes Kursziel sollte nicht der ausschlaggebende Grund für den Kauf einer Aktie sein. Stattdessen sind eine attraktive Bewertung und ein stabiles Geschäftsmodell wichtig. Es geht darum, einen Investmentplan zu haben, mit dem sich die Frage „Warum kaufe ich diese Aktie?" unabhängig von Analystenschätzungen beantworten lässt (mehr dazu erfahren Sie in „Kaufe keine Aktie ohne einen Plan" ab Seite 49).

Man braucht aber nicht nur für den Einstieg einen Plan. Auch eine Strategie für den Ausstieg ist wichtig. Es geht hier um die Frage: „Wann verkaufe ich?"

Hier gibt es zwei Strategien. Einfach umzusetzen sind Stoppkurse (auch Stop-loss-Limit genannt). Damit legen Sie fest, bis zu welcher Grenze Sie Verluste akzeptieren wollen. Gängig sind 10 bis 20 Prozent. Sinnvoll ist es, dabei nicht streng mathematisch vorzugehen, sondern auch charttechnische Faktoren wie Unterstützungslinien mit zu berücksichtigen. Das kann heißen, dass der Stoppkurs vielleicht etwas höher oder etwas tiefer liegt, als wenn man einfach zehn Prozent abzieht (mehr zu Charttechnik in „Vermehre Dein Finanzwissen genau wie Dein Geld“ab Seite 158).

Durchbricht die Aktie die gewählte Marke, verkaufen Sie sie. Bei manchen Brokern lassen sich auch Stoppkurse hinterlegen. Dann wird die Verkaufsorder automatisch durchgeführt, ohne dass Sie etwas tun müssen.

Eine Variante dieser Strategie ist es, den Stoppkurs „mitzuziehen“ (trailing stop-loss). Das heißt, Sie passen ihn nach oben an, wenn die Aktie steigt und sichern so einen Teil Ihrer Gewinne ab.

Mit Stoppkursen begrenzen Sie in jedem Fall Ihre Verluste. Das ist der Vorteil dieser Methode. Auf der anderen Seite weiß niemand, was der nächste Tag an der Börse bringt. Womöglich steigt die Aktie wieder auf einen Wert oberhalb des Stoppkurses. In diesem Fall hätten Sie zu früh verkauft und ärgern sich womöglich. Außerdem ist es schwierig, wieder einen guten Einstiegszeitpunkt zu finden. Die Angst vor einem erneuten Rückschlag lässt einen häufig zögern. Stoppkurse sind in der Praxis daher eher etwas für Trader und kurzfristige Anleger, denen die individuellen Merkmale und Qualitäten eines Unternehmens gar nicht so wichtig sind. Ihnen geht es mehr darum, das Verlustrisiko zu kontrollieren.

STOPPKURSE LASSEN sich natürlich auch für ETF setzen. Doch ergibt das in der Regel wenig Sinn. In der Vergangenheit haben sich breit gestreute ETF immer wieder von ihren Verlusten erholt. Als Strategie hat sich „Buy and hold“ beziehungsweise regelmäßiges Sparen bewährt und nicht der Versuch, durch Kaufen und Verkaufen auf Marktentwicklungen zu reagieren.

Die zweite Strategie bei Kursverlusten ist, nach den Gründen zu schauen, statt blind bei bestimmten Schwellenwerten zu verkaufen. Sie bietet sich vor allem für langfristig orientierte Aktienanleger an. Das heißt, Sie fragen nach den Ursachen, die hinter den Verlusten Ihrer Aktie stehen. Haben sie etwas mit dem Unternehmen an sich zu tun – oder ist es die allgemeine Marktstimmung? Verluste gegen den Markttrend können ein Warnzeichen sein; wenn die Aktie mit dem Markt verliert, ist es weniger bedenklich.

Besonders in einem Crash differenzieren die Investoren in aller Regel nicht, sondern verkaufen einfach jede Aktie unabhängig von der Qualität des Unternehmens. In einem solchen Fall kann es sinnvoll sein, nicht beim allgemeinen Ausverkauf mitzumachen.

DEPOTPFLEGE ZAHLT SICH AUS

Regelmäßiges Rebalancing bringt nicht nur das Portfolio wieder in Einklang mit dem persönlichen Risikomaß. Es zahlt auch auf die Rendite ein. Sie lag bei einem Portfolio mit Rebalancing in der Vergangenheit höher.

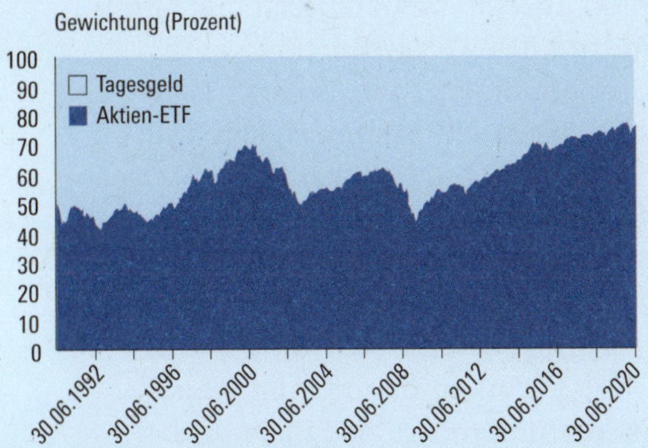

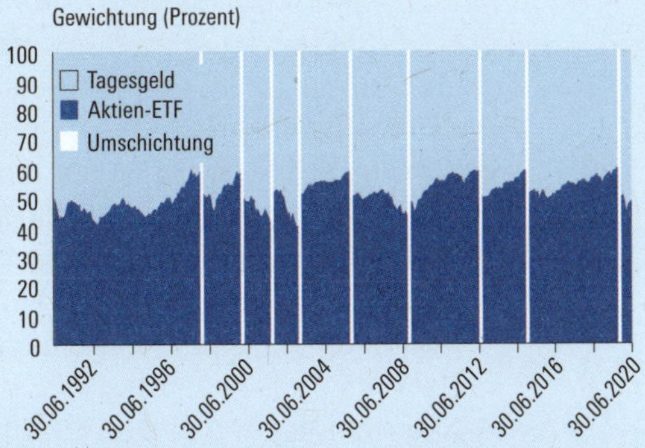

Ausgewogenes Welt-Depot[1]	Rendite (% p.a.)	Aktuelles Vermögen	Schlechteste Jahresrendite	Längste Verlustdauer	Umschichtungen
Mit Umschichten	5,7	521 734 €	–19,3 %	5,3 Jahre	9
Ohne Umschichten	5,5	498 906 €	–23,3 %	12,3 Jahre	0

1) 50 Prozent Aktien-ETF, 50 Prozent Tagesgeld; Anlagesumme 100 000 Euro

Quellen: Refinitiv, eigene Berechnungen

Ein Unternehmen wird ja nicht dadurch schlechter, dass der Aktienkurs fällt.

Wenn die Qualität des Unternehmens stimmt, bietet ein Crash sogar die Möglichkeit, günstig weitere Aktien zu kaufen – oder ganz neu in Unternehmen einzusteigen, die vorher zu teuer waren. „Kaufen, wenn die Kanonen donnern", lautet eine entsprechende Börsenweisheit. Schön brachte es auch die inzwischen verstorbene „Börsen-Oma" Beate Sander auf den Punkt: „Ein Crash ist gut für Leute mit Mut!"

„KAUFE NIE EINE AKTIE, wenn du nicht damit leben kannst, dass sich der Kurs halbiert", wie es der legendäre Investor Warren Buffett einmal treffend sagte. Damit bringt er zum Ausdruck, dass es wichtig ist, Aktien zu kaufen, die man versteht. Kursabstürze machen einen dann nicht nervös. Als langfristig orientierter Anleger käme Buffett kaum auf die Idee, mit Stoppkursen zu arbeiten. Er ist dafür bekannt, auch in schwierigen Marktphasen an seinen Investments festzuhalten.

Die Börsenweisheit „Never catch a falling knife" sollten Anleger hingegen kritisch sehen. Der Spruch warnt davor, eine fallende Aktie zu kaufen. Der implizite Rat ist, eine Bodenbildung abzuwarten. Das Problem: Es ist nicht klar, ob so eine Stabilisierung von Dauer ist. Nach einem Zwischenanstieg kann es auch wieder nach unten gehen. Oder eine Aktie steigt nach einem Absturz schnell wieder an. Der zögerliche Anleger muss den Kursgewinnen dann hinterherschauen. Sich nach dieser Weisheit zu richten hilft also nicht wirklich weiter. Besser ist es, auf die Bewertung der Aktie zu schauen und dann zu kaufen, wenn sie attraktiv ist. Vielleicht geht es noch weiter nach unten, vielleicht aber auch nicht. Ob der Zeitpunkt stimmte, weiß man erst hinterher.

Anders liegt der Fall, wenn das Unternehmen in einer Krise steckt. Am deutlichsten ist das an der Entwicklung von Umsatz und Gewinn zu sehen. Ein langsameres Wachstum oder gar ein Rückgang können Warnzeichen sein, vor allem, wenn sich die Geschäfte der Konkurrenz besser entwickeln. In solchen Fällen ist in aller Regel auch ein Verkauf sinnvoll – selbst wenn er mit Verlusten verbunden ist. Hier ist es hilfreich, sich zu fragen: „Wenn ich diese Aktie noch nicht hätte, würde ich jetzt kaufen?" Ein „Nein" als Antwort legt einen Verkauf nahe. Auch diese Strategie hat ihre Tücken. Während Sie bei Stoppkursen Gefahr laufen, zu früh zu verkaufen, liegt hier das Risiko, sich zu spät von einer Aktie zu trennen. Nicht immer sind alle Folgen direkt erkennbar, und manchmal wird erst nach und nach klar, wie schlimm die Krise eines Unternehmens tatsächlich ist.

Glaub an Gold – aber nicht alles, was man darüber sagt

12

Inflationsschutz, sicherer Hafen, Vermögensschutz für den Ernstfall – Gold werden viele Eigenschaften zugeschrieben. Nicht alle halten einer Überprüfung stand.

Gold kann blenden

Gold ist nicht leicht zu bewerten und wird als Sicherheit leicht überschätzt. Das sollten Sie wissen, wenn Sie in Gold investieren wollen.

Seit Jahrtausenden schon sind die Menschen von Gold und seinem schimmernden Glanz fasziniert. Es war nie einfach nur ein Metall. Gold war und ist Symbol für Reichtum, Macht und Wohlstand. Auch heute noch hat Gold seinen festen Platz in der Vermögensallokation, vertrauen ihm Anleger. Ein Großteil der Goldproduktion landet in den Depots. Vor allem die Notenbanken sind große Käufer. Nur ein kleiner Teil wird tatsächlich verarbeitet, hauptsächlich in der Schmuckindustrie.

Wer in Gold investiert, hofft in der Regel nicht auf eine große Rendite. Andere Ziele sind einem Goldanleger wichtiger. Es geht um die Stabilisierung des Depots in turbulenten Marktphasen, den Schutz des Vermögens vor Inflation und die Absicherung für den absoluten Ernstfall wie eine Währungsreform oder eine andere schwere Krise. Kurz gesagt: Gold gilt als sicher.

Doch blindes Vertrauen ist bei Gold trotz seines beinahe mythischen Rufs genauso gefährlich wie bei allen anderen Anlageprodukten. Denn auch Gold hat seine Risiken.

Wenn Sie sich einen längeren Gold-Chart anschauen (siehe Seite 141) , sehen Sie direkt, dass der Preis einer Feinunze auch heftig schwanken kann. Anleger mussten teilweise jahrelang warten, bis sich der Goldpreis von seinen Verlusten erholt hatte. Der letzte Absturz ist noch gar nicht so lange her: Ende 2012 fiel der Preis für die Feinunze von rund 1 700 Dollar fast drei Jahre lang bis auf rund 1 100 Dollar. Das macht ein Minus von gut 35 Prozent. Es folgte eine lange Talsohle. Erst Mitte 2020 hatte der Goldpreis wieder sein Niveau von vor dem Absturz erreicht. Gold ist also alles andere als „sicher". Der Kurs kann genauso schwanken wie bei Aktien.

Gold birgt für Anleger in der Eurozone außerdem ein Währungsrisiko. Gold wird in Dollar gehandelt. Verliert der Dollar gegenüber dem Euro, ist das schlecht für die Goldbesitzer in Euroländern. Denn bei einem Verkauf bekommen sie weniger Euros. Auf der anderen Seite: Gewinnt der Dollar an Wert, ist das eine Währungschance. Dann steigt der Preis in Euro.

GOLD MIT HÖHEN UND TIEFEN

Der Anstieg des Goldpreises in den letzten Jahren verdeckt, dass Gold auch seine Durststrecken hatte. Nachdem der Preis in den 80er-Jahren in die Höhe geschossen war, ging es fast 20 Jahre bergab.

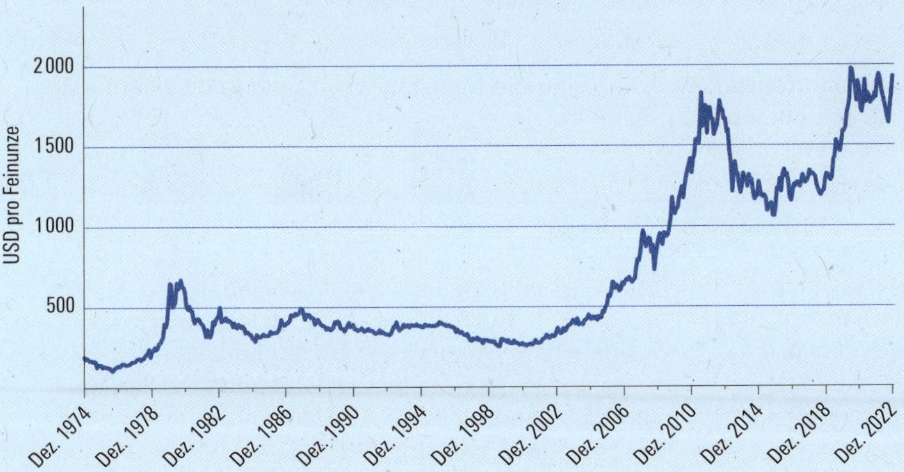

Quelle: Refinitiv

Nur eingeschränkter Inflationsschutz

An den Schwankungen kann man auch ahnen, dass Gold seinem Ruf als Inflationsschutz nur bedingt gerecht wird. Diese Rechnung geht zwar für die letzten Jahrzehnte auf, wie Sie an der Tabelle auf Seite 143 sehen können. Hier konnten Anleger mit Gold eine ansehnliche Realrendite erzielen. Allerdings gab es dazwischen lange Phasen, in denen das nicht der Fall war. In den 80er- und 90er-Jahren war die Realrendite von Gold deutlich negativ. Für die 80er-Jahre lag der Wert bei knapp minus fünf Prozent bei einer durchschnittlichen Inflationsrate von 2,8 Prozent. In den 90er-Jahren erzielten Anleger eine Rendite mit Gold nach Inflation von minus 6,7 Prozent. Ein wirksamer Inflationsschutz fand also nicht statt.

Tatsächlich gibt es nur eine schwach ausgeprägte Korrelation zwischen der Inflationsrate und der Jahresrendite von Gold. Sie

AUF GOLD WAR NICHT IMMER VERLASS

Die Bilanz von Gold als Inflationsschutz fällt gemischt aus. In einigen Jahrzehnten klappte es, in anderen nicht. Die Angabe für die 70er-Jahre bedarf etwas der Einordnung. Denn bis 1975 war der Besitz von Gold in den USA für viele Jahrzehnte verboten. Der starke Preisanstieg hat also auch etwas mit einem Nachholeffekt zu tun.

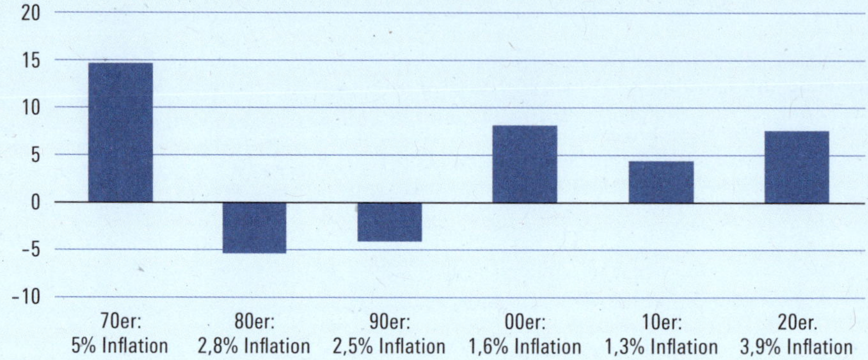

Quelle: Refinitiv, eigene Berechnungen

bewegt sich im Bereich 0,2. Zur Einordnung der Zahl: Bei einem Wert von 1 wären Gold und Inflationsrate perfekt korreliert. Das heißt, ein Anstieg der Inflationsrate hätte einen Anstieg des Goldpreises zur Folge. Bei einem Wert von null bestünde gar kein Zusammenhang zwischen den beiden Entwicklungen.

Auch für Aktien ist die Korrelation im Übrigen nicht sonderlich stark ausgeprägt. Das klingt vielleicht erst einmal verwirrend, heißt es doch immer, dass Aktien ein guter Inflationsschutz seien. Man darf hier aber nicht den Fehler machen, die Korrelation mit der durchschnittlichen Rendite zu verwechseln. Natürlich lag die durchschnittliche Rendite von Aktien in den vergangenen Jahren oberhalb der Inflationsrate. Anleger konnten also ihren Vermögenswert mit Aktien schützen. Allerdings steigt die Rendite nicht, wenn die Inflation anzieht. Das wäre der Fall, wenn es eine ausgeprägte Korrelation gäbe. Im Jahr 2022 brachen die Aktienkurse zum Beispiel ein, obwohl die Inflation so hoch war wie seit Jahrzehnten nicht.

EINE RELATIV HOHE KORRELATION von 0,7 gibt es dagegen zwischen den Sparzinsen und der Inflation. Steigt die Inflation, erhöhen die Notenbanken früher oder

später die Zinsen. Die Banken ziehen dann meist nach. Das bedeutet aber natürlich nicht, dass das Geld auf dem Sparbuch oder dem Tagesgeldkonto vor Inflation geschützt ist. Die Korrelation sagt nichts über die Höhe der Zinsen aus. Die Realverzinsung, also die Verzinsung nach Abzug der Inflation, kann trotz Zinsanstieg weiterhin negativ sein.

Mehr als die Inflationsrate beeinflusst das allgemeine Zinsniveau den Goldpreis. Das heißt: Hohe Zinsen sind schlecht für Gold. Denn Gold wirft keine Erträge ab. Je höher die Zinsen, desto größer sind die sogenannten Opportunitätskosten, also die entgangenen Gewinne. Denn statt in Gold hätte eine Anlegerin ihr Geld ja auch in Zinsanlagen investieren können.

Gold in Krisenphasen

Wo sich Gold allerdings bewährt, ist in seiner Funktion als sicherer Hafen. In Phasen der Unsicherheit und in Marktturbulenzen fliehen Anleger oft in Gold. Das heißt, sie schichten von Aktien und anderen Anlagen in Gold um. Im besten Fall steigt der Goldpreis oder fällt zumindest nicht so stark wie der Rest des Marktes. Für unsere Analyse dazu haben wir uns die 20 schlechtesten Wochen im MSCI World in den letzten 20 Jahren angeschaut. Über 18 Prozent ging es teilweise in dieser Zeit für den MSCI World in nur einer Woche nach unten. In sieben Wochen betrug das Minus acht Prozent und mehr.

In diesen Phasen hielt sich Gold relativ gut, konnte teilweise sogar zulegen. Als der MSCI World im Oktober 2008 fast 18 Prozent in einer Woche fiel, stieg Gold zum Beispiel um über acht Prozent. In insgesamt zwölf dieser 20 Verlustwochen ging es für Gold nach oben.

Zusammengenommen kam Gold in diesen 20 Wochen auf ein durchschnittliches Plus von einem Prozent. Das Minus des MSCI World lag dagegen bei acht Prozent. Zum Vergleich: Euro-Staatsanleihen legten im Schnitt um 0,2 Prozent zu. Gold kann daher das Depot etwas stabilisieren und die Schwankungen reduzieren. Ob sich Gold allerdings in einer Katastrophe bewähren wird, lässt sich schwierig vorhersagen. Zwar kann man darauf hoffen, mit Barren und Münzen sein Vermögen durch turbulente Zeiten zu bringen. Beispiele gibt es dafür in der Vergangenheit. Ob das aber immer funktioniert, lässt sich schlecht prognostizieren. Auch hier zeigen Beispiele aus der Vergangenheit, was passieren kann. Von 1933 bis 1974 war zum Beispiel der Besitz von Gold in den USA verboten. Ähnliche Verbote gab es auch in anderen Ländern.

Unterm Strich kann es also durchaus sinnvoll sein, Gold in Ihr Depot aufzunehmen. Beim Pantoffel-Portfolio zum Beispiel schlägt Finanztest einen Anteil von Gold am Renditebaustein von zwischen fünf Prozent bei einer defensiven Ausrichtung und 15 Prozent bei einer offensiven Ausrichtung vor. Die Beimischung von Gold kann in schwierigen Börsenphasen Ihr Depot etwas stabilisieren. Nicht alles, was man über Gold sagt, stimmt jedoch. Es ist weder sicher noch risikofrei noch garantiert es einen Inflationsschutz. Betrachten Sie es daher möglichst emotionslos wie andere Anlagen auch.

FLUCHT IN GOLD

Wenn die Aktienmärkte fallen, stemmt sich Gold gegen den Trend. In den 20 schlechtesten Wochen von Januar 2000 bis Juni 2022 schlug Gold sowohl den MSCI World als auch Euro-Staatsanleihen, hier abgebildet auf Basis des Bloomberg Euro Government Index.

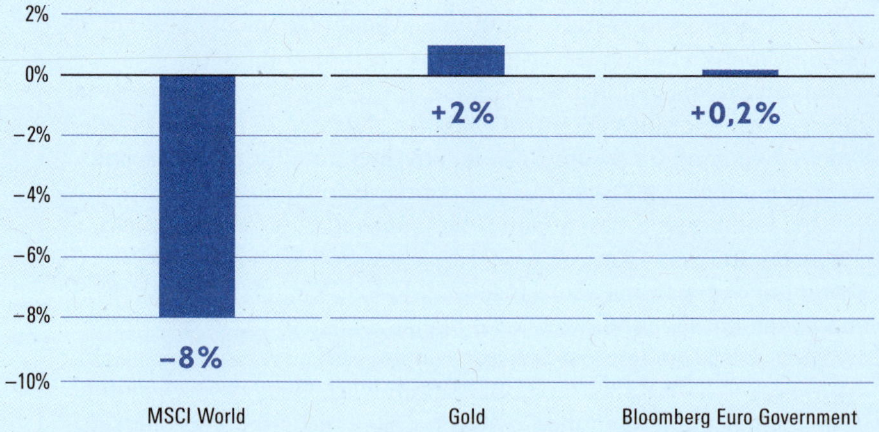

Quellen: Refinitiv, eigene Berechnungen

Wie Sie in Gold investieren können

Um sich Gold ins Depot zu holen, können Sie Barren und Münzen oder nichtphysische Produkte kaufen. Und dann gibt es auch noch Goldminenaktien.

Nachdem wir uns angeschaut haben, welche Rolle Gold in einem Depot und einer Anlagestrategie spielen kann, wollen wir uns nun damit beschäftigen, wie Anleger und Anlegerinnen Gold erwerben können. Dann dafür gibt es verschiedene Möglichkeiten. Das Investieren in Gold ist am einfachsten in Form von ETC möglich. Das klingt fast wie ETF und funktioniert auch ähnlich. Die Abkürzung ETC steht für „Exchange Traded Commodities". Die Gemeinsamkeit mit den börsengehandelten Indexfonds ist, dass ETC auch die Entwicklung von etwas nachbilden. Nur ist es in diesem Fall kein Aktienindex, sondern der Preis eines Rohstoffs, in unserem Fall der Goldpreis. Sie kaufen das Gold also nicht in physischer Form, sondern partizipieren nur an der Preisentwicklung. Man spricht hier auch von „Papiergold". Um Lagerung und Sicherung müssen Sie sich also keine Gedanken machen.

Wie ETF können Sie ETC ganz normal über die Börse kaufen und verkaufen. Das macht das Investieren einfach. In Ihrem Depot können Sie dementsprechend auch laufend sehen, wie viel die Goldposition wert ist. Außerdem können Sie auf diese Weise bereits mit kleinen Summen in Gold investieren. Der Anteilsschein an einem Gold-ETC kostet in der Regel nur den Bruchteil einer Feinunze Gold oder auch nur einer Viertelunze. Sogar Sparpläne mit regelmäßigen Einzahlungen sind auf Gold-ETC möglich. Sie können also auf diese Weise nach und nach eine Gold-Position in Ihrem Depot aufbauen. Bei dieser Variante gilt es jedoch die Kosten im Blick zu behalten. Diese können durchaus beträchtlich sein, wenn Sie nur kleine Summen regelmäßig investieren wollen.

Bei vielen Anbietern sind die Gold-ETC oftmals physisch besichert. Das heißt, in gut bewachten Tresorräumen liegen tatsächlich die Goldbarren. Teilweise besteht sogar die Option, dass Sie sich auf

Wunsch „Ihren" Goldanteil tatsächlich ausliefern lassen. Das ist zum Beispiel bei den Produkten Xetra-Gold und Euwax-Gold möglich. Allerdings können dadurch zusätzliche Kosten entstehen, und manche Anbieter bieten die Lieferoption erst ab einer gewissen Goldmenge an. Eine Liste von Gold-ETC finden Sie im Anhang auf Seite 175.

So ähnlich ETC und ETF auch sind – es gibt einen großen Unterschied. ETF zählen zum Sondervermögen. Bei einer Pleite des Emittenten bleiben sie damit außen vor. Das investierte Geld ist geschützt. ETC sind dagegen Inhaberschuldverschreibungen. Das bedeutet: Bei einer Pleite des Emittenten wird das investierte Geld Teil der Insolvenzmasse und ist für die Anleger verloren. ETC wären daher nicht das Richtige für Sie, wenn Sie sich mit Gold für einen Zusammenbruch des Finanzsystems oder eine andere Katastrophe absichern wollen. Zudem profitieren Sie mit ETC – Xetra-Gold ist nach einem Urteil des Bundesfinanzhofs (Az. VIII R 4/15 und Az. VIII R 35/14) zumindest im Moment noch eine Ausnahme – nicht von den steuerlichen Privilegien, die Gold genießt. Dazu erfahren Sie gleich mehr. Diese ETC-Ausnahmeregelung gilt neben Xetra-Gold wohl auch unter anderem für Euwax Gold II und Wisdomtree Swiss Physical Gold.

Gold physisch kaufen

Die andere Möglichkeit, in Gold zu investieren, ist der Kauf von Barren und Münzen. Das ist zum Beispiel bei einem Münzhändler oder einen spezialisierten Anbieter vor Ort im Laden oder im Internet möglich. Achten Sie dabei auf Seriosität. Gerade im Internet gibt es viele Betrüger, die Fälschungen anbieten oder nicht liefern.

Barren sind oft eher etwas für den großen Geldbeutel. Häufig findet man den 100-Gramm-Barren oder den Kilobarren. Münzen gibt es dagegen in einer Vielzahl von Stückelungen, angefangen bei der klassischen Feinunze (31,1 Gramm) über die halbe bis hinunter zur Einzehntelunze. Sie können also auch für eine überschaubare Summe echtes Gold erwerben. Beachten Sie nur, dass der Preis mit der Abnahme des Gewichts schlechter wird. Sie bekommen bei kleinen Münzen also weniger Gold für Ihr Geld.

Neben der Stückelung haben Sie beim Münzkauf die Wahl zwischen einer Vielzahl unterschiedlicher Motive. Zu den bekanntesten Goldmünzen gehören zum Beispiel „American Eagle" aus den USA, „Wiener Philharmoniker" aus Österreich, „Maple Leaf" aus Kanada, der bronzeüberzogene südafrikanische „Krügerrand" oder „Australian Kangaroo". Das ist im ersten Moment verwirrend, stellt sich doch die Frage, ob die eine Münze vielleicht mehr wert ist als die andere. Tatsächlich spielt das Motiv aber nur eine untergeordnete Rolle. Entscheidend ist das Gewicht in Gold.

Der Vorteil des Kaufs von physischem Gold: Sie besitzen das Gold tatsächlich. Es gibt also anders als bei ETC kein Emittentenrisiko. Allerdings müssen Sie sich je nach Menge über eine sichere Lagerung Gedanken machen. Der zweite große Vorteil ist steuerlicher Natur: Der Goldkauf ist von der Mehrwertsteuer befreit. Außerdem ist der mögliche Gewinn nach einem Verkauf steuerfrei, wenn zwischen Kauf und Verkauf mindestens ein Jahr liegt.

Investieren in Goldminenbetreiber

Neben Papiergold und physischem Gold gibt es noch eine dritte Möglichkeit, in Gold zu investieren: Aktien von Minenbetreibern. Sie wirken auf den ersten Blick wie der ideale Kompromiss. Als Anlegerin partizipiert man am Unternehmenserfolg etwa über Dividenden und profitiert von der Entwicklung des Goldpreises. Minenaktien scheinen also den Nachteil auszugleichen, dass Gold keine Erträge abwirft.

Das ist nicht ganz falsch. Der Goldpreis und die Kurse von Minenbetreibern bewegen sich durchaus ähnlich. Schaut man sich die Kursentwicklung seit dem Jahr 2000 an (siehe Grafik auf Seite 148), liegt die Korrelation bei 0,62. Bei einem Wert von 1 würden sich die Kurse vollkommen gleich bewegen, bei einem Wert von 0 gäbe es überhaupt keinen Zusammenhang. Die Konzerne profitieren natürlich über wachsende Umsätze davon, wenn der Goldpreis steigt.

Anleger dürfen jedoch nicht ausblenden, dass für Minenbetreiber auch die Gesetze des Marktes und der Börse gelten. Förderkosten spielen eine Rolle, das Finden neuer Vorkommen, die Stimmung an den Märkten und so weiter. Goldminenaktien korrelieren wesentlich stärker mit der Entwicklung des MSCI World als Gold. Basierend auf den Daten seit dem Jahr 2000 ist eine Korrelation von Gold und dem MSCI World mit einem Wert von 0,025 praktisch nicht vorhanden. Für Goldminenaktien liegt der Wert bei 0,29.

Das heißt, Sie sollten als Anleger Minenbetreiber wie jedes andere Unternehmen analysieren. Und Sie dürfen nicht vergessen: Gold als Asset kann nicht insolvent gehen. Minenbetreiber schon.

GOLDPREIS UND GOLDMINEN-AKTIEN IM VERGLEICH

Der Chart zeigt, dass Goldminenaktien wie ein gehebeltes Goldinvestment sind – mit allen Vor- und Nachteilen. Mal laufen sie deutlich besser als der Goldkurs, mal schlechter. Für Anleger, die Gold vor allem als Krisenwährung und Versicherung für den Ernstfall sehen, sind sie keine Alternative.

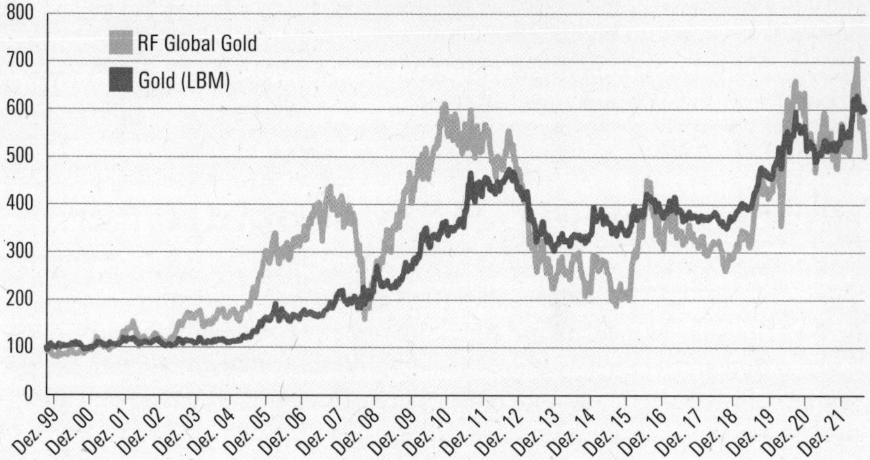

Quelle: Refinitiv

Sie bieten also nicht die gleiche Sicherheit, die mit Gold assoziiert wird und sollten daher auch nicht seinen Platz im Depot einnehmen. Minenbetreiber gehören eindeutig zum Risikoteil des Portfolios.

Wenn Sie trotz der Nachteile in Minenbetreiber investieren wollen, können Sie neben Einzelwerten auch auf ETF zurückgreifen. Zu den bekannten Indizes gehören zum Beispiel der S&P Commodity Producers Gold Index sowie der NYSE Arca GoldMiners Index – beide mit Minenwerten vor allem aus den USA, Kanada und Australien.

»Finanzpornografie« ist eine teure Verlockung

12

Megarendite, Verzehnfacher, der schnelle Weg zur finanziellen Freiheit – lautstarke Versprechen, um Anleger zu locken. Wer darauf reinfällt, erleidet meist finanziellen Schiffbruch.

Wer schnell reich werden will, wird oft schnell arm

„An der Börse liegt das Geld auf der Straße, man muss nur zugreifen!" Lassen Sie sich von solchen Verheißungen nicht blenden und bewahren Sie einen kühlen Kopf.

Haben Sie schon einmal die Geschichte von Ronald James Read gehört? Er führte ein bescheidenes Leben, arbeitete als Hausmeister und an der Tankstelle. Sein Tod im Jahr 2014 im Alter von 94 Jahren hätte nur in seinem Umfeld Beachtung gefunden, hätte Read nicht in seinem Testament 1,2 Millionen Dollar der Brooks Memorial Library vermacht und dem Brattleboro Memorial Hospital weitere 4,8 Millionen Dollar. So unglaublich es klingt, aber über die Jahre hatte Ronald James Read durch kontinuierliches Investieren an der Börse ein Millionenvermögen aufgebaut.

Laut Medienberichten verfolgte Read einen „Buy and hold"-Ansatz und setzte dabei auf bekannte, „langweilige" Unternehmen mit hoher Dividende wie Johnson & Johnson, General Electric oder JP Morgan.

Leider wollen viele Anleger diesen langen Weg nicht gehen. Sie wollen schnell reich werden. Es scheint ja auch so einfach zu sein, wenn man Anlegermagazinen, Foren und Börsenportalen glauben mag. Die großen Gewinne sind nur einen Aktienkauf entfernt, suggerieren Titelseiten und Überschriften oft in fast schon reißerischer Aufmachung. Mit Zeilen wie „Die 200-Prozent-Strategie", „Schutz vor dem Mega-Crash" oder „Diese 10 Gewinneraktien machen Sie reich" werden niedere Instinkte wie Gier oder Angst bedient. Daher wird diese Art der Berichterstattung oft als „Financial Porn" beziehungsweise „Finanzpornografie" bezeichnet.

Charakteristisch für Finanzpornografie sind neben den reißerischen Überschriften das Verschweigen oder Herunterspielen von Risiken. Unzureichend belegte Prognosen von oft selbst ernannten Experten sollen suggerieren, dass sich die Gewinnentwicklung eines Unternehmens oder das Wachstum eines Marktes mit Modellen zuverlässig vorhersagen lässt. Häufig werden nur die Meinungen oder Zahlen zitiert, die die These stützen. Die Autoren greifen zur Untermauerung ihrer Thesen auf zu kurze Zeiträume oder zu kleine Stichproben zurück. Gegenstimmen kommen höchstens am Rand vor.

„Die Geldanlage bietet als eines von nur ganz wenigen Betätigungsfeldern jeden Tag die Chance auf gewaltige Gewinne", schreibt Morgan Housel in seinem Bestseller „Über die Psychologie des Geldes". „Die Menschen glauben viel eher Börsenscharlatanen als Wetterscharlatanen – weil mit einer korrekten Vorhersage der Börsenentwicklung unendlich viel mehr zu verdienen ist als mit einer korrekten Vorhersage über das Wetter."

Besonders beliebt sind heiße Tipps für die nächste Tenbagger-Aktie. Der Begriff „Tenbagger" geht zurück auf den legendären Fondsmanager Peter Lynch und bezeichnet Aktien, die ihren Kurs verzehnfachen. Das entspricht einer Rendite von 900 Prozent. Aus einem Investment von 1000 Euro würden also mit der richtigen Aktien 10 000 Euro – ein Gewinn von 9 000 Euro.

So unglaublich eine solche Kursentwicklung klingt – gerade im Tech-Bereich können immer wieder Aktien mit einer solchen Performance glänzen. Im Jahr 2019 zum Beispiel lag der Preis für eine Tesla-Aktie bei rund 13 Euro. In den folgenden drei Jahren kletterte der Kurs bis auf über 300 Euro. Allerdings kam es im Jahr 2022 auch zu einem heftigen Einbruch der Aktie.

Es ist jedoch absolut unseriös, so zu tun, als ob solche Kurssteigerungen prognostizierbar seien. Niemand würde sich zutrauen, beim Roulette bei 36 Zahlen (ohne die Null) vorherzusagen, welche als Nächste fällt. Aber aus den vielen Tausend Aktien, die es weltweit gibt, die nächsten Gewinner herauszulesen soll möglich sein? Solche Aktientipps sind reine Spekulation. Die Gefahr, sein Geld zu verlieren, steht in keinem Verhältnis zur Chance, einen Glückstreffer zu landen. Natürlich hat die eine oder andere Anlegerin mal das richtige Gespür und wird dann für ihren Instinkt gefeiert. Von den vielen Wetten, die schiefgegangen sind, und den daraus entstandenen Verlusten hört man dagegen nichts.

„GIER FRISST HIRN", lautet eine nur zu wahre Börsenweisheit. Sie drückt aus, dass man in der Aussicht auf große Gewinne die Risiken ausblendet. Regelbasiertes Investieren zum Beispiel über einen Sparplan und regelmäßiges Rebalancing schützen davor.

Überlegen Sie mal: Würden die Redakteure noch bei den Zeitschriften und Portalen arbeiten, wenn ihre Tipps und Empfehlungen so sicher wären? Würden sie dann nicht eher selbst investieren, um in wenigen Jahren reich und unabhängig zu sein?

Hype-Themen widerstehen

Beliebt ist auch das Anpreisen der Chancen, die (angebliche) Trendthemen bieten. Rosige Zukunftsversionen werden präsentiert, die dank einer neuen Technologie oder Ähnlichem wahr werden sollen. Balkengrafiken zeigen, wie der Markt auf immer neue Milliardensummen wächst.

Passend dazu nennen die Artikel die Aktien, die von Trends besonders profitieren sollen. Gerne wird dann zum Beispiel von der „Investmentchance des Jahrhunderts" geschwärmt. Dabei ist oft gar nicht klar, ob es sich tatsächlich um einen echten Trend handelt (und nicht nur um einen kurzfristigen Hype) und welche Unternehmen davon dauerhaft profitieren werden.

BEI NEUEN TRENDTHEMEN gibt es in der Regel auch schon bald die ersten Themen-ETF. Hier ist Vorsicht angebracht. Es ist auf jeden Fall ratsam, sich die Zusammensetzung des ETF näher anzuschauen. Einzelne Aktien können ein sehr großes Gewicht haben, wodurch es zu einem Klumpenrisiko kommen kann. Immer wieder finden sich in solchen ETF auch Aktien, die nur am Rande etwas mit dem Oberthema zu tun haben oder bei denen man gar nicht genau weiß, wie groß der Einfluss auf das Geschäft ist.

Die Kurse solcher Trendaktien verlaufen oft sehr ähnlich. Am Anfang herrscht große Euphorie. Die Prognosen übertreffen sich. Das Wachstum der entsprechenden Unternehmen ist rasant. Überall ist von den Chancen zu lesen. Die Aktienkurse der Unternehmen schießen in die Höhe. Mögliche Risiken und Probleme werden ignoriert.

Dann erfolgt das böse Erwachen: Das Wachstum der Unternehmen bleibt hinter den (überzogenen) Erwartungen zurück. Die Umsätze steigen nicht so schnell wie gedacht, oder die Zahl der Kunden/Abonnenten stagniert. Manch ein Unternehmen wird auch entzaubert, und die Versprechungen entpuppen sich als heiße Luft. Oder die vormals so erfolgversprechenden Firmen werden rechts von unerwarteter Konkurrenz überholt. So oder so: Hohe Gewinnchancen ziehen viele Firmen an, und ein harter Konkurrenzkampf kann schnell die Margen schrumpfen lassen. Die Folge: Investoren revidieren ihre Prognosen. Der Kurs bricht ein. Nur die besten Unternehmen überstehen diese Phase.

Wenn der Trend aber wirklich nachhaltig war und nicht nur ein Strohfeuer, kommt jetzt womöglich erst die richtig große Chance für Anleger. Denn eine Entwicklung bleibt ja nicht stehen, nur weil ein Aktienkurs fällt. Handelt es sich nicht um einen Hype, sondern um eine wirkliche Umwälzung, schreitet die Entwicklung voran. Der Markt und die Produkte reifen, die Rahmenbindungen verbessern sich. Das kann durchaus mehrere Jahre dauern. Dann erst setzt der richtige Aufschwung ein. Die übrig gebliebenen Firmen aus der ersten Boom-Phase haben gute Chancen, dann zu den Gewinnern zu gehören. Aber natürlich werden auch neue Player auf den Markt

AUF EUPHORIE FOLGT ERNÜCHTERUNG

Hype-Themen verlaufen häufig nach einem ähnlichen Muster: Auslöser können eine neue Technologie sein oder auch gesellschaftliche Veränderungen. Auf eine Phase der Euphorie folgt meist Ernüchterung. Bei substanziellen Themen folgt eine zweite Phase mit nachhaltigem Wachstum. Ansonsten verläuft sich der Trend.

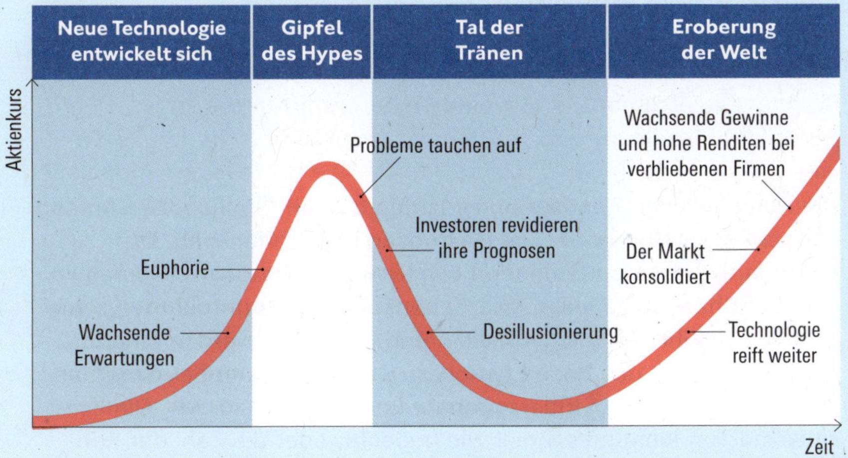

kommen, oder etablierte Unternehmen machen sich den Trend zu eigen und verdrängen die Pure Player, also Firmen, die allein auf dieses Thema setzen.

Für Anleger heißt das: Mit Hype-Themen lässt sich in kurzer Zeit viel Geld verdienen – wenn man die richtigen Aktien erwischt und den richtigen Zeitpunkt für Ein- und Ausstieg. Größer ist jedoch die Gefahr, angelockt durch die steigende Zahl der Berichte und Artikel, kurz vor oder auf dem Höhepunkt der ersten Euphoriewelle einzusteigen und dann viel Geld zu verlieren, wenn es nach unten geht.

Entspannter ist es, erst einmal abzuwarten, was an einem neuen Thema dran ist. Es mag zwar in der Euphoriephase manchmal schwer sein, den steigenden Kursen der Trendaktien nur zuzusehen. Aber ein Einstieg zu diesem Zeitpunkt wäre reine Zockerei. Geduld zahlt sich aus, denn das „Tal der Tränen" kommt bestimmt. Wer dann in der zweiten Welle dabei ist, hat immer noch genügend Gelegenheiten, mehr aus seinem Geld zu machen.

Das Ziel: Im Alter nicht arm sein

Mit einem seriösen Vermögensaufbau haben die skizzierten „brandheißen" Tipps und Empfehlungen nichts zu tun. Ihnen geht es um das Erregen von Aufmerksamkeit und Klicks, um das Verkaufen von Kursen und Anlagestrategien. Wer an der Börse schnell reich werden will, wird leider oft arm. Wem es gelingt, hatte meistens einfach Glück, und seine Erfolge sind nicht reproduzierbar.

Untersuchungen zeigen immer wieder, dass das Investieren in Einzelaktien riskant ist. Viele Firmen schaffen es nicht, mit dem Wandel mitzuhalten: Die Verweildauer eines Konzerns im S&P-500-Index ist auf 15 bis 20 Jahre geschrumpft. In den 1970er-Jahren lag sie noch bei 30 bis 35 Jahren. Die US-Investmentbank JP Morgan analysierte für die Jahre 1980 bis 2014 die Performance der Aktien des Russell 3000. Der Index besteht aus den 3000 Unternehmen mit der höchsten Marktkapitalisierung in den USA. Das Ergebnis: 40 Prozent der Aktien wiesen im Untersuchungszeitraum einen „katastrophalen Verlust" auf, wie es die Studienautoren nannten. Darunter verstanden sie ein Minus von 70 Prozent und mehr gegenüber dem Höchstkurs mit höchstens einer leichten Erholung von zehn Prozentpunkten.

IMMER WEITER NACH OBEN

Zwischen 1980 und 2014 stieg der Wert des Russel 3000 um mehr als das Vierzigfache. Jedoch verloren 40 Prozent der Aktien in diesem Zeitraum 70 Prozent und mehr von ihrem Höchststand aus, wie eine Untersuchung zeigte. Im IT- und Telekommunikationssektor erlitt sogar mehr als jede zweite Aktie diese „katastrophalen Verluste", wie es die Autoren nannten. Dabei ließen sie eine nach dem Absturz leichte Erholung des Wertes zu. Der Index insgesamt kletterte in den Jahren jedoch beachtlich.

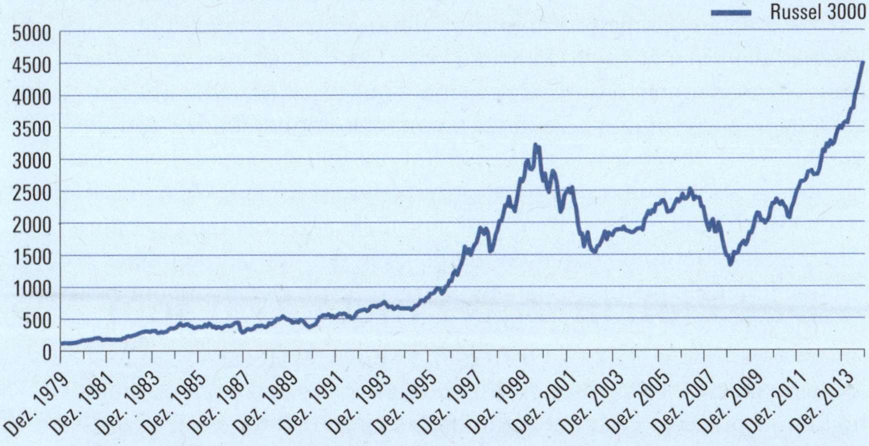

Sektor	Anzahl der Firmen mit „katastrophalen" Verlusten in % (1980 bis 2014)
Zusammen	40
Zyklische Konsumgüter	43
Basiskonsumgüter	26
Energie	47
Rohstoffe/Material	34
Industrie	35
Gesundheit	42
Finanzen	25
Informationstechnologie	57
Telekommunikation	51
Versorger	13

Quelle: JP Morgan, Refinitiv

Die beste Antwort auf solche Risiken ist, in eine Vielzahl von Unternehmen zu investieren, um das Einzeltitelrisiko zu minimieren. So stieg trotz der „katastrophalen Verluste" vieler Aktien auch der Russell-3000-Index immer weiter. Während mehr als jede dritte Aktie heftig verlor, klettere der Index von 1980 bis 2014 im Schnitt um 11,5 Prozent pro Jahr.

Einfach und unkompliziert lässt sich ein diversifiziertes Depot zum Beispiel mit breit gestreuten ETF wie im Pantoffel-Portfolio von Finanztest umsetzen. Als Anleger oder Anlegerin haben Sie dann nur noch das Marktrisiko zu tragen, also die Risiken und Faktoren, die alle Einzelwerte einer Anlageklasse betreffen. Dazu gehören zum Beispiel die Konjunkturentwicklung oder die Entwicklung der Zinsen (mehr dazu erfahren Sie in „Geldanlage darf nicht den Schlaf kosten" ab Seite 26 und in "Breite Streuung schützt vor Tränen" ab Seite 89).

Wenn Sie einen langen Anlagehorizont mitbringen, können Sie solche Rückschläge jedoch in Ruhe aussitzen. Über einen Zeitraum von gut zehn Jahren lag das Verlustrisiko in der Vergangenheit praktisch bei null. Spätestens nach 13 Jahren hatte der Weltaktienmarkt das Minus wieder aufgeholt. Auch das zeigen viele Untersuchungen. Geldanlage an der Börse wird so ganz einfach: Man zahlt regelmäßig zum Beispiel über einen Sparplan ein und lässt den Zinseszinseffekt für sich arbeiten. Er sorgt dafür, dass sich das Geld mit der Zeit immer schneller vermehrt. So erzielte die offensive Version des Pantoffel-Portfolios mit einer Aktienquote von 75 Prozent eine Rendite von durchschnittlich knapp sechs Prozent in den letzten Jahren. Eine Einmalinvestition hätte sich bei dieser Rendite ganz ohne Stress immerhin nach gut 12 Jahren verdoppelt (ohne Kosten und Steuern). Schnell reich wird man so natürlich nicht. Aber die Chance ist groß, im Alter nicht arm zu sein.

IM CHECK: NICHT IN VERSUCHUNG FÜHREN LASSEN

Wie erkennt man Finanzpornografie?
Wann sollten Ihre Alarmglocken läuten?

- Wird mit manipulativen Aussagen gearbeitet? Ein typisches Beispiel sind Formulierungen wie „Eine Rendite von bis zu zehn Prozent ist möglich". Die Wörter „bis zu" weisen meist auf einen Ausreißer hin – realistischer ist also eine Rendite, die deutlich niedriger liegt. Heißt es „Diese Strategie kann den Markt schlagen", ist ebenfalls Skepsis angebracht: Theoretisch ist es zwar möglich, dass die Strategie erfolgreich ist, ebenso gut kann aber auch das Gegenteil der Fall sein.

- Achten Sie auf Framing. Dabei wird versucht, durch geschickte Formulierungen die Wahrnehmung einer bestimmten Aussage zu beeinflussen. Heißt es etwa, dass bei einer Lotterie acht von zehn Teilnehmern gewinnen, klingt das viel besser, als würde man sagen, dass 20 Prozent der Spieler ihr Geld verlieren.

- Klingt etwas zu schön, um wahr zu sein? Dann ist es das auch in aller Regel. Bei hohen Renditeversprechen mit wenig oder gar ohne Risiko brauchen sie gar nicht weiterzulesen oder hinzuhören. Das ist nicht seriös.

- Bedenken Sie stets: Hohe Renditen sind immer mit hohen Risiken verbunden. Je größer die Chance, desto größer ist auch die Gefahr. Wer etwas anderes verspricht, hat es auf Ihr Geld abgesehen.

- Treffen Sie keine Anlageentscheidung zwischen Tür und Angel, sondern nehmen Sie sich die Zeit, um sich ausführlich über das Angebot zu informieren.

- Gutes Investieren heißt auch, vielen Versuchungen zu widerstehen.

- Prophezeit man Ihnen den nächsten großen Crash? Lassen Sie sich nicht verunsichern. Den Untergangsapologeten geht es in aller Regel nicht darum, Sie zu warnen, sondern darum, mit Ihrer Angst Geld zu verdienen. Rückschläge gehören zur Börse dazu, und bei der Vielzahl von Warnungen, die kursieren, ist es fast zwangsläufig, dass immer mal wieder ein Crash korrekt „vorhergesagt" wird. Wer aber sein Depot richtig aufgestellt hat, braucht sich davor nicht zu fürchten.

- Vergessen Sie bei Tipps nicht, dass der andere nicht weiß, welches „Spiel" Sie spielen. Er kennt nicht Ihre Risikoneigung, Ihren Anlagehorizont oder Ihre Vermögensziele. Seine Empfehlungen passen vielleicht zu seinem „Spiel", aber nicht unbedingt zu Ihrem.

Vermehre Dein Finanzwissen genau wie Dein Geld

14

Ohne Finanzkenntnis kein Vermögensaufbau. Je mehr Wissen Sie aufbauen und je mehr Sie lernen, desto mehr können Sie aus Ihrem Geld machen.

Wer mehr weiß, hat mehr Optionen

Die Börse ist vielfältiger, als man denkt. Wer seinen Horizont erweitert, versteht die Märkte besser und kann seine eigene Anlagestrategie ergänzen.

Analysen zeigen, dass „Buy and hold" mit einem breit diversifizierten Portfolio über die Jahre eine ansehnliche Rendite von etwa sieben Prozent erzielte. Die Strategie ist ohne viel Aufwand für Privatanleger umsetzbar und mit wenig Arbeit verbunden. Die breite Streuung des eingesetzten Geldes mit ETF und Fonds minimiert das Risiko dauerhafter Verluste. Man muss nur die Nerven und die Zeit haben, um die unvermeidlichen Rückschläge an der Börse aussitzen zu können. Auch Finanztest empfiehlt diesen Ansatz. Mit dem Pantoffel-Portfolio, also einem Mix aus ETF und Tagesgeld – gegebenenfalls ergänzt um Anleihen und Gold –, lässt sich diese Strategie leicht umsetzen. Auch die Tipps in „Breite Streuung schützt vor Tränen" ab Seite 89, wo wir den Aufbau eines Welt-Portfolios erklären, basieren darauf.

Eine Marktmeinung können Sie mit „Buy and hold" jedoch nicht zum Ausdruck bringen. Sie halten an der Strategie fest, egal, ob die Märkte gerade fallen oder die Stimmung gut ist und die Kurse immer weiter nach oben treibt.

Vor allem in einem Bärenmarkt, also in einer längeren Phase fallender Kurse, ist das ärgerlich. Denn die in guten Börsenzeiten erzielten Gewinne schmelzen dahin. Ein Bärenmarkt kann sich über Monate oder gar Jahre ziehen. Entsprechend groß kann die nervliche Belastung für Sie als Anlegerin oder Anleger sein, wenn Sie scheinbar hilflos dabei zusehen müssen, wie Ihr Depot an Wert verliert.

Für solche und natürlich auch andere Fälle kann es sinnvoll sein, seinen Horizont zu erweitern und sich in Sachen Geldanlage weiterzubilden. Die Börse hat noch viel mehr zu bieten als „Buy and hold".

Die Welt der Derivate

Aktien und Anleihen machen nur einen Teil der Finanzmärkte aus. Daneben gibt es als weiteren großen Bereich die Derivate. Bei einem Derivat (vom lateinischen „derivare" = ableiten) handelt es sich, vereinfach gesagt, um ein Finanzinstrument, dessen Preis von anderen Referenzgrößen wie Indizes, Aktien, Rohstoffen oder Anleihen abhängt.

Für Privatanlegerinnen und -anleger sind aus der Gruppe der Derivate vor allem Zertifikate und Optionsscheine relevant. Sie öffnen das Tor zu neuen, vielschichtigen Anlagemöglichkeiten und ermöglichen es in ihren unterschiedlichsten Ausprägungen, in praktisch jeder Marktphase Geld zu verdienen, auch wenn die Kurse sich nur seitwärts bewegen oder gar fallen.

Vielleicht fragen Sie sich jetzt: „Warum sollte ich überhaupt noch Aktien kaufen? Das klingt doch viel besser und chancenreicher!" So einfach ist es leider nicht. Denn natürlich haben Derivate auch ihre Tücken. Sie hebeln nicht das Rendite-Risiko-Profil im Allgemeinen aus. Derivate wie Zertifikate oder Optionsscheine sind immer für ein bestimmtes Marktszenario optimiert. Tritt das Szenario ein, kann man mit ihnen mehr verdienen als mit normalen Aktien (oder gleich viel bei weniger Risiko). Entwickeln sich die Märkte aber anders, wird man mit Derivaten mehr verlieren – bis hin zum Totalverlust.

Ein weiterer wichtiger Punkt: Zertifikate oder Optionsscheine sind zwar – wie Aktien – in der Regel börsenhandelbar. Kursstellung und Rückzahlung bei Fälligkeit erfolgen jedoch durch den Emittenten. Es gibt deshalb ein sogenanntes Emittentenrisiko: Bei einer Insolvenz verlieren die Besitzer von Derivaten, die dieser Emittent ausgegeben hat, eventuell den ganzen Einsatz.

Weil die Kursstellung durch den Emittenten erfolgt, ist es beim Kauf auch wichtig, auf einen fairen Preis zu achten. Oftmals haben verschiedene Emittenten ähnliche Produkte im Angebot. Durch den Vergleich ähnlicher Zertifikate oder Optionsscheine lässt sich der beste Preis finden. Das macht die Suche komplex, weil das Angebot sehr groß ist. Auf spezialisierten Finanzseiten wie onvista.de, finanztreff.de, boerse-frankfurt.de/zertifikate oder boerse-stuttgart.de lassen sich die Produkte vergleichen.

Was können Zertifikate und Optionsscheine? Im Folgenden wollen wir Ihnen einige dieser Finanzprodukte und ihre Einsatzmöglichkeiten vorstellen. Der Überblick soll Ihnen einen ersten Eindruck davon vermitteln, was an der Börse noch alles möglich ist – Stichwort „Finanzwissen vermehren". Das Thema ist allerdings noch weitaus vielschichtiger, als wir es hier darstellen können. Unsere Beschreibung soll nur ein Einstieg sein und Ihnen Anregungen zur weiteren Recherche geben. Bevor Sie anfangen, diese Finanzinstrumente einzusetzen, sollten Sie sich daher noch weiter über die Chancen und Risiken informieren. Möglichkeiten dazu bietet zum Beispiel die Internetseite des Deutschen Derivateverbands (derivateverband.de). Es handelt sich hierbei zwar um einen Interessenverband, viele der Informationen sind jedoch hilfreich.

Optionsscheine: Mit Optionsscheinen können Sie mit kleinem Einsatz auf fallende oder steigende Kurse setzen. Mit sogenannten Put-Optionsscheinen setzen Sie auf fallende Kurse, mit Calls auf steigende. Puts und Calls stellen das Recht dar, zum Beispiel eine Aktie oder einen Index innerhalb einer bestimmten Frist zu einem festgelegten Preis zu kaufen (Calls) oder zu verkaufen (Puts). Dieser Preis wird Strike genannt. Dieses Recht kostet nur einen Bruchteil des Preises des Basiswerts. Durch den speziellen Charakter von Optionsscheinen entsteht so eine Hebelwirkung, die Anlegern hohe Gewinne bescheren kann. Allerdings ist auch ein Totalverlust möglich. Liegt am Ende der Laufzeit der Preis des Basiswerts über dem Strike-Preis des Puts beziehungsweise unter dem des Calls, sind die Scheine wertlos.Eine plakative Beispielrechnung soll die Funktionsweise eines Puts verdeutlichen: Die Aktie der Omega AG kostet 100 Euro. Sie glauben, der Preis wird fallen, und kaufen sich daher einen Put-Schein zum Preis von fünf Euro. Der Strike liegt bei 90 Euro, das heißt, ab dieser Schwelle verdienen Sie Geld. Nun fällt der Preis der Aktie bis zum Laufzeitende auf 80 Euro. Der Gewinn pro Optionsschein beträgt also fünf Euro – denn Sie müssen ja noch den Preis des Puts berücksichtigen. Ein Verlust von 20 Prozent bei der Aktie am Laufzeitende führt beim Put-Optionsschein also zu einem Gewinn von 100 Prozent. Wäre die Aktie aber nur bis 90 Euro gefallen, hätten Sie Ihren Einsatz verloren. Der Optionsschein ist dann wertlos.

Knock-Out-Zertifikate: Ähnlich wie mit Calls und Puts lässt sich mit Knock-Out-Zertifikaten auf steigende und fallende Kurse setzen. Das Besondere an ihnen ist die Knock-Out-Schwelle: Wenn der Basiswert sie während der Laufzeit erreicht, wird das Zertifikat ausgestoppt, und der Besitzer verliert seinen Einsatz.

Discount-Zertifikate: Mit Discount-Zertifikaten investieren Sie mit einem Abschlag in Aktien. Die Ausgestaltung variiert, im Prinzip funktionieren Discount-Zertifikate aber nach demselben Prinzip: Es gibt eine Laufzeit, während der das Zertifikat gültig ist, und eine Obergrenze (Cap genannt), bis zu der der Inhaber am Kursanstieg des Basiswertes partizipiert. Der Vorteil von Discount-Zertifikaten: Selbst wenn sich der Basiswert bis zum Laufzeitende nur seitwärts bewegt, kann ein Gewinn erzielt werden. Die Aktie muss dafür nur knapp über dem Kaufpreis des Zertifikats liegen. Zugleich gibt es den Risikopuffer: Auch wenn die Aktie also etwas verliert, kann man über das Zertifikat immer noch verdienen. Der Puffer lässt sich je nach Risikoneigung ausgestalten. Deep-Discount-Zertifikate bieten einen Abschlag von bis zu 70 Prozent. Deutlich wird die Funktionsweise an einem Beispiel. Nehmen wir wieder die Omega AG: Die Aktie notiert bei 50 Euro. Ein Discount-Zertifikat kostet 45 Euro. Die Obergrenze liegt bei 55 Euro. Der Gewinn ist also auf zehn Euro begrenzt. Mehr als dieser Wert wird am Laufzeitende nicht ausgezahlt, selbst wenn die Aktie über die Schwelle von 55 Euro steigen sollte. Die Differenz zwischen dem Preis der Aktie und dem Preis des Zertifikats ist Ihr Sicherheitspuffer. Sie geraten also erst in die Verlustzone, wenn die Omega-Aktie um zehn Prozent fällt.

Bonus-Zertifikate: Vor allem in einer Seitwärtsbewegung der Märkte spielen Bonus-Zertifikate ihre Stärke aus. Denn der Anleger bekommt einen Bonus, wenn der Basiswert während der Laufzeit des Zertifikats eine vorher festgelegte untere Barriere nicht berührt oder durchbricht. Wird der Schwellenwert verletzt, partizipiert der Anleger an der Wertsteigerung des Basiswerts.

Aktienanleihen: Aktienanleihen haben viel vom Risiko einer Aktie und kaum die Sicherheit einer Anleihe. Anleger erhalten mit ihnen zwar einen Zinskupon, aber ob der Nennwert zurückgezahlt wird, hängt von der Aktienentwicklung ab. Der mögliche Gewinn ist begrenzt. Die Anlageidee ist bei Aktienanleihen ähnlich wie bei Discountzertifikaten: Hohe Gewinne werden aufgegeben, im Gegenzug fährt man im Vergleich zum Basiswert besser, wenn dieser seitwärts läuft oder fällt.

Express-Zertifikate: Eine Bonuszahlung kann es auch bei einem Express-Zertifikat geben. Vereinfacht gesagt geht es um festgelegte Stichtage innerhalb der Laufzeit des Zertifikats und die Frage, ob ein

EIN CALL FÜR ALLE FÄLLE

Die Börse ist keine Einbahnstraße, wie man so schön sagt. Es geht mitunter heftig hoch und runter und auch mal seitwärts. Für jede Marktphase gibt es Produkte, mit denen man davon profitieren kann – je nach Erfahrung, Vermögen, Anlagedauer und Risikobereitschaft.

Wenn Sie erwarten, dass …	… eignen sich zum Beispiel folgende Anlagen:
… die Aktienkurse steigen,	Aktien, Aktien-ETF oder -Fonds, Kauf-Optionsscheine (Calls), Knock-Outs, Faktorzertifikate oder Hebel-ETF, (bei moderatem Anstieg eventuell auch Discountzertifikate mit hohen Obergrenzen)
… die Aktienkurse stagnieren,	Dividendenstarke Aktien, Discountzertifikate, Aktienanleihen, Expresszertifikate
… die Aktienkurse fallen,	Put-Optionsscheine, Knock-Out-Bear, Short-ETF, Faktorzertifikate, (bei moderaten Rückgängen auch Discountzertifikate und Aktienanleihen oder Expresszertifikate)
… die Nervosität steigt und damit die erwarteten Schwankungen an den Märkte zunehmen,	Depot mit Puts vor Kursverlusten schützen; Geld kurzfristig parken, zum Beispiel auf dem Tagesgeldkonto
… die Nervosität sich wieder legt,	Discountzertifikate, Aktienanleihen
… die Zinsen steigen,	Kurzlaufende Anleihen, Puts auf Anleihenindizes
… die Zinsen fallen,	Langlaufende Anleihen, Calls auf Anleihenindizes

Basiswert zu diesem Stichtag gegenüber dem Startkurs gestiegen ist. Ist das der Fall, erhält der Anleger den Preis des Zertifikats zurück plus einen Bonus. Wenn nicht, wird die Prüfung an den folgenden Stichtagen wiederholt. Die ausgefallene Bonuszahlung kann je nach Ausgestaltung später nachgeholt werden, wenn der Basiswert schließlich am Stichtag hoch genug notiert. Der Anleger kann dann sogar mehrfach kassieren. Sollte die Bonus-Bedingung bis zum Laufzeitende nicht erfüllt sein, bedeutet das jedoch nicht, dass der gesamte Einsatz verloren ist: Express-Zertifikate haben in der Regel einen Sicherheitspuffer. Notiert der Basiswert am Laufzeitende über diesem Wert, erhält der Anleger den Nominalwert des Zertifikats zurück. Erst bei stärkerem Kursrückgang entstehen Verluste wie beim Basiswert. Expresszertifikate sind für eine sehr komplexe Marktentwicklung konzipiert. Selbstentscheider nutzen sie selten, aber umso beliebter sind sie bei Bankvertrieben.

Die meisten Zertifikate sind eine Wette auf Zeit, weil viele eine begrenzte Laufzeit haben. Einfach schlechte Marktphasen auszusitzen geht dann nicht. Für Interessenten ist auch zu beachten, dass es von manchen Zertifikattypen bis zu einem Dutzend Varianten geben kann, die sich teilweise in Feinheiten unterscheiden.

Smart-Beta – ETF können mehr

Eine Erweiterung des Wissens lohnt sich auch beim Thema ETF. Die Rede ist von Smart-Beta-ETF, auch Faktor-ETF genannt. Sie basieren auf den statistischen Analysen von Finanzwissenschaftlern, die Faktoren identifizierten, die zumindest in der Vergangenheit für ein besseres Rendite-Risiko-Profil sorgten. Der Vorteil: Eine aufwendige Recherche nach passenden Aktien ist nicht nötig. Auf Basis fester Regeln werden sie bei Smart-Beta-ETF für die entsprechende Strategie aus dem Anlageuniversum rausgefiltert. Die klassischen Faktoren sind Value, Momentum, Minimum Volatility, Quality und Small Caps. Es gibt sogar „Multi-Faktor-ETF", die mehrere Faktoren kombinieren.

Value (Wert): Hier geht es um Substanzaktien. Dabei handelt es sich in der Regel um reifere Unternehmen mit einem etablierten Geschäftsmodell. Um eine klassische Value-Aktie zu sein, müssen die Papiere dieser Unternehmen eine günstige Bewertung aufweisen.

Momentum (Trend): Bei dieser Strategie werden Aktien ausgewählt, die in den vergangenen sechs oder zwölf Monaten besonders gut gelaufen sind. Die Hoffnung: Die Papiere werden sich auch in den kommenden Monaten gut entwickeln.

Minimum Volatility (geringe Volatilität): Je größer die Volatilität, als desto riskanter gilt der Wert. Für die Minimum-Volatility-Strategie werden nur Aktien mit einer besonders niedrigen Volatilität ausgewählt beziehungsweise ein Korb von Aktien, der eine geringe Schwankungsbreite aufweist. Der Nachteil der Strategie: Sie kann zulasten der Rendite gehen.

Quality (Qualität): Der Begriff Qualität ist hier als betriebswirtschaftliche Qualität gemeint. Unternehmen müssen bei bestimmten Kennzahlen gut abschneiden, um für diese Strategie ausgewählt zu werden.

Small Caps (Größe): In den klassischen Weltindizes wie dem MSCI World sind nur große und mittlere börsennotierte Unternehmen vertreten. Kleine Unternehmen, die sogenannten Small Caps, sind nicht dabei. Dabei spielen sie für die Weltwirtschaft eine wichtige Rolle und konnten in der Vergangenheit in vielen Phasen mit einer höheren Rendite glänzen.

Eine Finanztest-Analyse für die vergangenen 20 Jahre zeigt, dass in diesem Zeitraum die Momentum-Strategie pro Jahr um 2,3 Prozent besser performte als der MSCI World. Auch andere Strategien schnitten besser ab, wie Sie an der unten stehenden Grafik sehen können. Mit der Value-Strategie wären Sie allerdings in diesem Zeitraum etwas schlechter gefahren.

ÜBERRENDITE MIT FAKTOR-ETF

Fast jede Strategie schlug in der Vergangenheit den MSCI World. Nur wer auf Value setzte, schnitt schlechter ab.

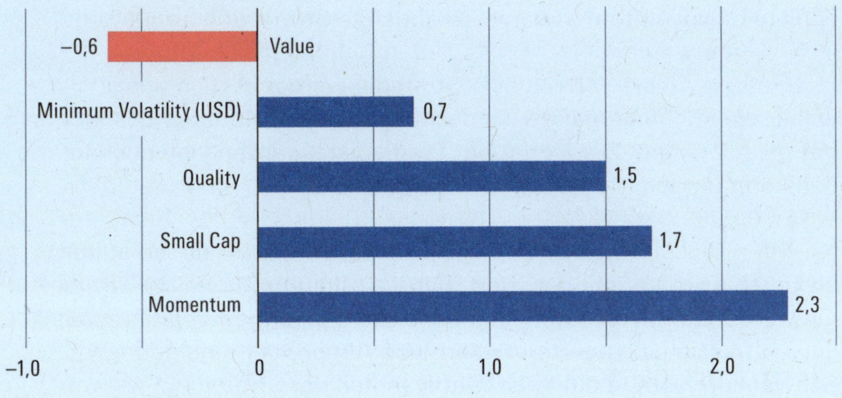

Quelle: Refinitiv (Indizes gleichen Namens jeweils von MSCI)
Zeitraum 1/2002 bis 5/2022

DIE OUTPERFORMANCE der Momentum-Strategie legt nahe, dass an dem Börsenspruch „The trend is your friend" durchaus etwas dran ist. Auf Einzelaktien bezogen kann man jedoch nicht vorhersagen, wie lange so ein Trend dauert. Blind sollten Anleger dem Reim also nicht vertrauen.

Gleichwohl kann es in den nächsten Jahren anders aussehen. Finanztest empfiehlt daher Strategie-ETF nur als Beimischung. Denn es kann immer sein, dass es Durststrecken gibt, in denen die ausgewählte Strategie nicht so läuft wie gewünscht. Eine kleine Auswahl an Multi-Faktor-ETF finden Sie im Anhang auf Seite 174.

Was bringt die Chartanalyse?

Haben wir bisher nur darüber gesprochen, wie Sie Ihre Anlagestrategie ergänzen können, wollen wir nun einen Blick in einen Bereich werfen, der bei der Entscheidungsfindung helfen kann. Die Rede ist von der Chartanalyse.

Gleich vorweg: Wissenschaftlich belegen lassen sich die Ergebnisse der Chartanalyse nicht, und Finanztest steht ihr skeptisch gegenüber. Dennoch beeinflusst sie die Entscheidung vieler Anleger und damit die Kursentwicklung. Chartanalysen finden sich in vielen Börsenzeitschriften und dienen als Basis für computergesteuerte Kauf- und Verkaufsprogramme. Auch ohne wissenschaftliche Evidenz hat die Chartanalyse also eine gewisse praktische Bedeutung, und es kann daher sinnvoll sein, sich mit ihr zu beschäftigen.

Kern der Chart- oder auch technischen Analyse ist es, allein auf der Basis von Kursmustern Kauf- oder Verkaufsentscheidungen zu treffen. Fundamentale Daten wie Gewinn oder Verlust eines Unternehmens spielen keine Rolle. Vielmehr geht es um die Annahme, dass Anleger in ähnlichen Kurssituationen ähnliche Entscheidungen treffen, was sich im Verlaufsdiagramm, dem Chart einer Aktie, spiegelt – dass sich also bestimmte Chartformationen wiederholen. Psychologie hat also eine große Bedeutung.

Ein paar typische Chartmuster und ihre Interpretation sehen Sie auf Seite 167. Die Muster gelten für Aktien und für Indizes gleichermaßen. Sie sollen eine Anregung für eine weitere Wissensvertiefung

MUSTER DER CHARTTECHNIK

Hier finden Sie fünf typische Muster von Kursverläufen und ihre charttechnische Interpretation.

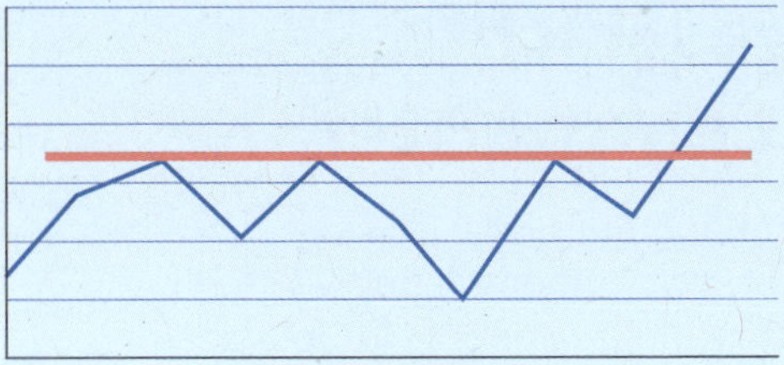

WIDERSTAND

Manchmal prallt ein Kurs bei seinem Anstieg immer wieder an derselben Marke wie an einer unsichtbaren Wand ab. In der Charttechnik spricht man dann von einem „Widerstand", der dem weiteren Kursanstieg im Wege ist. Wenn es der Aktie gelingt, diesen Widerstand zu durchbrechen und zu überwinden, gilt das als Kaufsignal

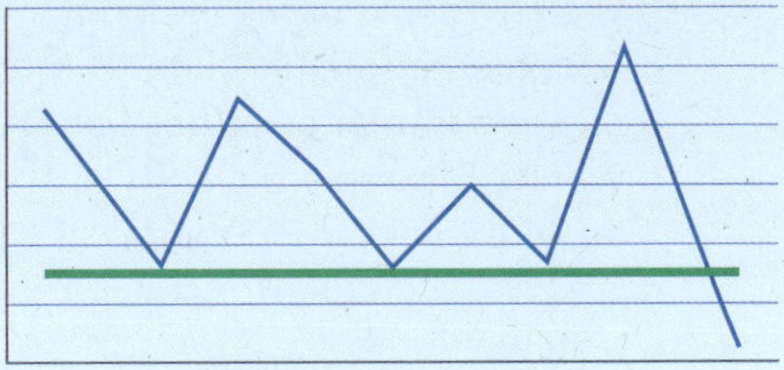

UNTERSTÜTZUNG

Das gleiche Muster gibt es auch andersherum. Stoppt eine unsichtbare Mauer immer wieder den Fall einer Aktie, liegt eine sogenannte Unterstützung vor. Solange die Unterstützung hält, ist alles gut. Erst wenn die Aktie sie durchbricht, gilt das als Verkaufssignal. Anhand der Unterstützungslinien aus der Vergangenheit versuchen Experten in der Krise auch abzuschätzen, wie weit der Markt oder eine Aktie noch fallen könnte.

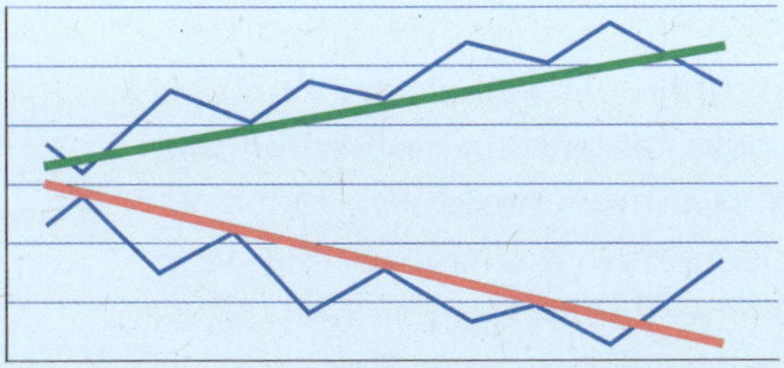

ABWÄRTS-/ AUFWÄRTSTREND

Bei Aufwärtstrends beziehungsweise Abwärtstrends bewegt sich die Aktie im Zickzack an einer Linie entlang nach rechts oben (Aufwärtstrend) oder nach rechts unten (Abwärtstrend). Fällt das Papier durch den Aufwärtstrend, wird ein charttechnisches Verkaufssignal gesendet. Ein Ausbruch durch den Abwärtstrend gilt als Kaufsignal.

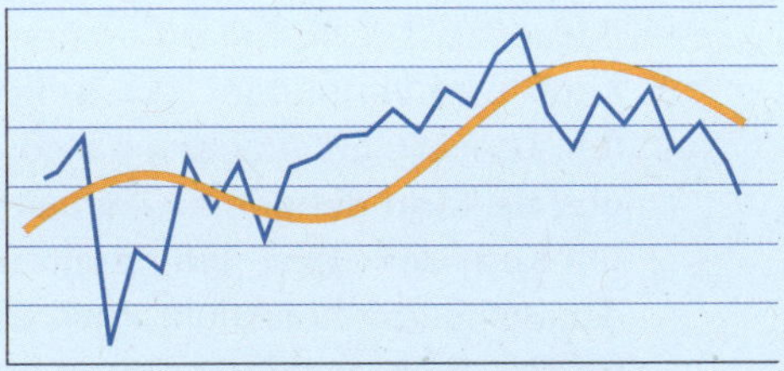

200-TAGE-LINIE

Die 200-Tage-Linie sieht aus wie eine Welle. Ihr Verlauf ergibt sich aus den Durchschnitten der 200 letzten Schlusskurse (gleitender Durchschnitt). Auf vielen Börsenwebseiten lässt sich diese Linie einblenden. Fällt die Aktie unter diese Marke, gilt das als Verkaufssignal. Durchstößt das Papier die 200-Tage-Linie von unten, wird ein Kaufsignal gesendet.

sein (Finanzwissen mehren!). Auch hier gilt wieder: Das Feld ist groß. Chartmuster können bei Verkaufs- und Kaufentscheidungen helfen. Bewerten Sie diese Signale aber nicht über. Auch die Charttechnik kann nicht in die Zukunft schauen.. Wenn Sie langfristig über einen Sparplan investieren, sind diese Muster für Sie ohnehin nicht relevant.

Die Börsengeschichte ist ein großer Lehrmeister

So chaotisch die Börse auch wirkt, es gibt immer wieder Muster, die sich wiederholen. Finanzkrisen, Pleiten, Rezessionen – irgendwie ist an der Börse alles schon mal da gewesen. Anhand historischer Vergleiche kann man schauen, wie die Märkte insgesamt reagiert haben. Die Vergangenheit kann wertvolle Orientierung geben.

> **SEIEN SIE SKEPTISCH, wenn Sie den Spruch hören „This time it's different". Die Behauptung soll meist überzogene Bewertungen und extreme Kursentwicklungen rechtfertigen. Auch wenn man für die Zukunft nichts ausschließen kann: Bisher hat die Börse noch jede Übertreibung korrigiert. Wer dachte, dass dieses Mal alles anders sei, verlor viel Geld.**

Für Sie bedeutet das: Bauen Sie Erfahrung auf. Diese kann Ihnen helfen, bessere Entscheidungen für Ihr Geld zu treffen. Analysieren Sie, wie die Märkte oder die Kurse einzelner Unternehmen auf Nachrichten und Entwicklungen reagieren. Beim ersten Mal werden Sie die Auswirkungen vielleicht noch überraschen, beim zweiten Mal wissen Sie Bescheid und können mit der Situation besser umgehen.

Wenn Sie die Märkte und Zeichen besser lesen können, können Sie auch Ihre Anlagestrategie anpassen (siehe Tabelle auf Seite 163). Der Kern sollte zwar immer ein breit diversifiziertes Portfolio wie das Pantoffel-Portfolio sein. Sie können Ihre Strategie aber abrunden, indem Sie sich Ihre eigene Marktmeinung bilden und danach handeln. Ein paar Werkzeuge und Möglichkeiten haben wir Ihnen in diesem Kapitel vorgestellt. Also: Wenn Sie Spaß an der Börse haben, vermehren Sie Ihr Finanzwissen. Sie werden davon profitieren.

Service

Die Auswahl zeigt ETF, nachhaltige aktive Fonds und Gold-ETC. 1.-Wahl-ETF der Fondsgruppe Aktien Welt (mit oder ohne Schwellenländer) können 100 Prozent des Aktienbausteins ausmachen. Rentenfonds eignen sich für den Sicherheitsbaustein.

SIE HABEN DIE WAHL

Wer sehr nachhaltig anlegen möchte, muss auf aktive Fonds zurückgreifen. Schwellenländer und Multi-Faktor-Strategien sollten als Beimischungen nicht mehr als 30 Prozent des Aktienbausteins ausmachen. Gold-ETC sollten nur eine Beimischung im Portfolio sein – um die 10 Prozent.

Anbieter/ Marke	Nachgebildeter Index bzw. Fondsname	Anmerkungen	Isin	Kosten (% p.a.)[1]
Aktien: 1. Wahl ETF – Basisanlage				
Welt (Industrieländer)				
Vanguard	FTSE Developed	Ⓐ	IE00BKX55T58	0,19
Amundi	MSCI World	Ⓣ, Ⓢ	LU1681043599	0,12
Amundi Lyxor	MSCI World	Ⓐ, Ⓢ	FR0010315770	0,30
HSBC	MSCI World	Ⓐ	IE00B4X9L533	0,15
Invesco	MSCI World	Ⓣ, Ⓢ	IE00B60SX394	0,19
iShares	MSCI World	Ⓣ	IE00B4L5Y983	0,20
UBS	MSCI World	Ⓐ	IE00B7KQ7B66	0,38
Xtrackers	MSCI World	Ⓣ	IE00BJ0KDQ92	0,30
Amundi	Solactive GBS Developed Markets Large & Mid Cap	Ⓣ	LU2089238203	0,05
Welt (Industrieländer) – Nachhaltigkeitsbewertung drei Punkte				
Amundi Lyxor	MSCI World Select ESG Rating and Trend Leaders	Ⓣ	LU1792117779	0,25
Amundi	MSCI World SRI Filtered PAB	Ⓣ	LU1861134382	0,18
UBS	MSCI World SRI Low Carbon Select 5% Issuer Capped	Ⓣ	IE00BK72HJ67	0,22
BNP Easy	MSCI World SRI S-Series PAB 5% Capped	Ⓣ	LU1615092217	0,18
iShares	MSCI World SRI Select Reduced Fossil Fuels	Ⓣ	IE00BYX2JD69	0,20
Welt (Industrie- und Schwellenländer)				
Vanguard	FTSE All-World	Ⓐ	IE00B3RBWM25	0,40
SPDR	MSCI ACWI Investable Market (IMI)	Ⓣ	IE00B3YLTY66	0,22
iShares	MSCI All Country World (ACWI)	Ⓣ	IE00B6R52259	0,40
SPDR	MSCI All Country World (ACWI)	Ⓣ	IE00B44Z5B48	0,20
Welt (Industrie- und Schwellenländer) – Nachhaltigkeitsbewertung drei Punkte				
UBS	MSCI ACWI SRI Low Carbon Select 5% Issuer Capped	Ⓣ	IE00BDR55471	0,28

Anbieter/ Marke	Nachgebildeter Index bzw. Fondsname	Anmer-kungen	Isin	Kosten (% p.a.)[1]

Aktien: Aktive Fonds, Indexfonds oder ETF – Nachhaltigkeitsbewertung fünf Punkte

Welt (Industrie- und gegebenenfalls Schwellenländer)

Ökoworld	ÖkoVision Classic	Ⓣ	LU0061928585	2,21
Superior	6 Global Challenges	Ⓣ	AT0000A0AA78	1,66
Warburg	WI Global Challenges Index	Ⓐ [2]	DE000A1T7561	1,32
Universal	GLS Bank Aktienfonds	Ⓐ	DE000A1W2CK8	0,74
Monega	Steyler Fair Invest Equities	Ⓐ	DE000A1JUVL8	1,92
Ampega	terrAssisi Aktien I AMI	Ⓐ	DE0009847343	1,42

Aktien: 1. Wahl ETF – Beimischungen

Globale Schwellenländer

Vanguard	FTSE Emerging	Ⓐ	IE00B3VVMM84	0,18
iShares	MSCI EM Investable Market (IMI)	Ⓣ	IE00BKM4GZ66	0,23
Amundi	MSCI Emerging Markets (EM)	Ⓣ, Ⓢ	LU1681045370	0,22
Amundi Lyxor	MSCI Emerging Markets (EM)	Ⓣ, Ⓢ	FR0010429068	0,65
Deka	MSCI Emerging Markets (EM)	Ⓣ, Ⓢ	DE000ETFL342	0,18
HSBC	MSCI Emerging Markets (EM)	Ⓐ	IE00B5SSQT16	0,15
Invesco	MSCI Emerging Markets (EM)	Ⓣ, Ⓢ	IE00B3DWVS88	0,55
iShares	MSCI Emerging Markets (EM)	Ⓣ	IE00B4L5YC18	0,19
SPDR	MSCI Emerging Markets (EM)	Ⓣ	IE00B469F816	0,42
UBS	MSCI Emerging Markets (EM)	Ⓐ	LU0480132876	0,18
Xtrackers	MSCI Emerging Markets (EM)	Ⓣ	IE00BTJRMP35	0,20
Amundi	Solactive GBS EM Large & Mid Cap	Ⓣ	LU2300295123	0,10

Nachhaltige Schwellenländer-ETF mit der besten Nachhaltigkeitsbewertung

Amundi	MSCI EM SRI Filtered PAB	Ⓣ	LU1861138961	0,25
UBS	MSCI EM SRI Low Carbon Select 5% Issuer Capped	Ⓐ	LU1048313891	0,27
iShares	MSCI EM SRI Select Reduced Fossil Fuels	Ⓣ	IE00BYVJRP78	0,25

Aktien: Aktive Fonds, Indexfonds oder ETF – Nachhaltigkeitsbewertung fünf Punkte

Nachhaltige Schwellenländer-ETF mit der besten Nachhaltigkeitsbewertung

Ökoworld	Growing Markets 2.0	Ⓣ	LU0800346016	2,30

Anbieter/ Marke	Nachgebildeter Index bzw. Fondsname	Anmerkungen	Isin	Kosten (% p.a.)[1]

Aktien: ETF – Strategie: Multi-Faktor (Auswahl)

Welt (Industrieländer)

HSBC	Aktiv verwaltet	Ⓐ	IE00BKZGB098	0,50
Invesco	Aktiv verwaltet	Ⓣ	IE00BJQRDN15	0,25
JPM	JPM Diversified Factor Global Developed (Region Aware) Equity (FTSE)	Ⓣ [3]	IE00BJRCLL96	0,20
iShares	MSCI World Diversified Multiple-Factor	Ⓣ	IE00BZ0PKT83	0,60

Renten: 1. Wahl

Staatsanleihen Euro

iShares	Bloomberg Euro Treasury	Ⓐ	IE00B4WXJJ64	0,15
SPDR	Bloomberg Euro Treasury	Ⓐ	IE00B3S5XW04	0,14
Vanguard	Bloomberg Euro Treasury	Ⓐ	IE00BZ163H91	0,09
Amundi Lyxor	Bloomberg Euro Treasury 50bn	Ⓣ	LU1650490474	0,15
Amundi	FTSE Eurozone Government Broad IG	Ⓣ	LU1681046261	0,07
Amundi	JPM GBI EMU Investment Grade	Ⓐ	LU1737653714	0,14
Xtrackers	Markit iBoxx EUR Sovereigns Eurozone	Ⓣ	LU0290355717	0,14
Amundi	Solactive Eurozone Government Bond	Ⓣ	LU2089238898	0,05

Nachhaltige Staatsanleihen Euro (Nachhaltigkeit in dieser Gruppe nicht bewertet)

BNP Easy	JPM ESG EMU Government Bond IG	Ⓣ	LU1481202692	0,15

Staatsanleihen Deutschland

iShares	Bloomberg Germany Treasury	Ⓐ	IE00B5V94313	0,15
Deka	Deutsche Börse Eurogov Germany	Ⓐ	DE000ETFL177	0,15
iShares	eb.rexx Government Germany	Ⓐ	DE0006289465	0,16
Xtrackers	Markit iBoxx EUR Germany	Ⓣ	LU0643975161	0,20

Staats- und Unternehmensanleihen Euro

SPDR	Bloomberg Euro Aggregate	Ⓐ	IE00B41RYL63	0,17

Nachhaltige Staats- und Unternehmensanleihen Euro (Nachhaltigkeit in dieser Gruppe nicht bewertet)

iShares	Bloomberg MSCI Euro Aggregate Sustainable and Green Bond SRI	Ⓐ	IE00B3DKXQ41	0,16
Amundi	Bloomberg MSCI Euro Aggregate Sustainable SRI Sector Neutral	Ⓣ	LU2182388236	0,16

Anbieter/ Marke	Nachgebildeter Index bzw. Fondsname	Anmer-kungen	Isin	Kosten (% p.a.)[1]
Unternehmensanleihen Euro				
iShares	Bloomberg Euro Corporate	Ⓐ	IE00B3F81R35	0,12
SPDR	Bloomberg Euro Corporate	Ⓐ	IE00B3T9LM79	0,09
Vanguard	Bloomberg Euro Corporate	Ⓐ	IE00BZ163G84	0,12
Xtrackers	Bloomberg Euro Corporate	Ⓣ	LU0478205379	0,20
Amundi	Solactive Euro IG Corporate	Ⓣ	LU2089238625	0,05
Nachhaltige Unternehmensanleihen Euro (Nachhaltigkeit in dieser Gruppe nicht bewertet)				
UBS	Bloomberg MSCI Euro Area Liquid Corporates Sustainable	Ⓣ	LU1484799843	0,16
Amundi	Bloomberg MSCI Euro Corporate ESG Sustain-ability SRI	Ⓣ	LU1681039647	0,20
Amundi	Bloomberg MSCI Euro Corporate ESG Sustain-ability SRI	Ⓣ	LU1437018168	0,16
Xtrackers	Bloomberg MSCI Euro Corporate SRI PAB	Ⓐ	LU0484968812	0,15
BNP Easy	Bloomberg MSCI Euro Corporate SRI Sustainable Select Ex Fossil Fuel PAB	Ⓣ	LU1859444769	0,20
iShares	Bloomberg MSCI Euro Corporate Sustainable SRI	Ⓐ	IE00BYZTVT56	0,14
Amundi	Solactive iCPR Climate Credit PAB	Ⓣ	LU2300295396	0,16

Gold-ETC (Zertifikate) – mit Anspruch auf Auslieferung des physisch hinterlegten Goldes 4)

Euwax	Euwax Gold	Ⓣ	DE000EWG0LD1	0,00[5)]
Euwax	Euwax Gold II	Ⓣ	DE000EWG2LD7	0,00[5)]
HanETF	The Royal Mint Physical Gold	Ⓣ	XS2115336336	0,22
Wisdomtree	Physical Swiss Gold	Ⓣ	DE000A1DCTL3	0,15
Xetra	Xetra-Gold	Ⓣ	DE000A0S9GB0	0,36[6)]

Auswahl: Nur ein ETF pro Anbieter und Index. Fonds müssen mindestens 50 Mio. Euro unter Verwaltung haben und 5 Jahre alt sein. Ausnahme: Fonds und ETF mit Nachhaltigkeitsanspruch und Multi-Faktor-ETF können auch jünger sein.
Die Sortierung innerhalb jeder Untergruppe erfolgt nach Index und Anbieter/Marke. In Untergruppen mit aktiv verwalteten Fonds nur nach Anbieter/Marke.

1) Kosten entsprechend den in den „Wesentlichen Anlegerinformationen" (kurz WAI oder KIID) ausgewiesenen laufenden Kosten. 2) Indexfonds, kein ETF. 3) Hauseigener Index. 4) Kosten für Auslieferung von verschiedenen Faktoren abhängig. 5) Stattdessen Einstiegskosten von mehr als 0,5 Prozent. 6) Jährliche Kosten für die Verwahrung im Wertpapierdepot.

Ⓐ = Ausschüttend
Ⓣ = Thesaurierend
Ⓢ = Synthetische Nachbildung (Swap)

Stand: 31.01.2023,
Quellen: FWW,
eigene Erhebungen

STICHWORT-VERZEICHNIS

A

B

C & D

E

F

G

H & I

K & L

M & N

O & P

Q & R

S

T & U

V & W

Z

Die Stiftung Warentest wurde 1964 auf Beschluss des Deutschen Bundestages gegründet, um dem Verbraucher durch vergleichende Tests von Waren und Dienstleistungen eine unabhängige und objektive Unterstützung zu bieten.

Der Autor Clemens Schömann-Finck (Jahrgang 1979) ist Autor, Moderator und Finanzredakteur. Er beschäftigt sich seit vielen Jahren mit den Themen Geldanlage und Börse. Auf seinem YouTube-Kanal „René will Rendite" spricht er regelmäßig mit Experten aus den Bereichen Finanzen, Geldanlage und Wirtschaft über Trends, Entwicklungen Anlagestrategien.

xtrackers MSCI World
WKN A1XB5U = 85%

Stiftung Warentest
Lützowplatz 11–13
10785 Berlin
Telefon 0 30/26 31–0
Fax 0 30/26 31–25 25
www.test.de
email@stiftung-warentest.de

USt-IdNr.: DE136725570

Programmleitung: Niclas Dewitz

Autor: Clemens Schömann-Finck
Projektleitung/Lektorat: Philipp Sperrle
Korrektorat: Christoph Nettersheim, Nürnberg
Fachliche Unterstützung: Karin Baur, Simeon Gentscheff, Boštjan Krisper, Yann Stoffel
Titelentwurf: Christian Königsmann
Layout, Grafik, Satz: Christian Königsmann

Produktion: Vera Göring, Christian Königsmann
Verlagsherstellung: Rita Brosius (Ltg.), Romy Alig, Susanne Beeh
Litho: tiff.any, Berlin
Druck: Fromm + Rasch GmbH & Co. KG., Osnabrück

ISBN: 978–3–7471–0640–2

Wir haben für dieses Buch 100 % Recyclingpapier und mineralölfreie Druckfarben verwendet. Stiftung Warentest druckt ausschließlich in Deutschland, weil hier hohe Umweltstandards gelten und kurze Transportwege für geringe CO_2-Emissionen sorgen. Auch die Weiterverarbeitung erfolgt ausschließlich in Deutschland.